Artes MUNDI 叢書

ザ・ワールド・ウィズ・アス

世界はわたしたちとともに

名古屋外国語大学編

名古屋外国語大学出版会

2部　複言語の世界

目　次

まえがき

　本書は「我々はどう生きるべきか」、この根源的な問いに対する答えとして、世界の名言、格言、詩、ことわざ、箴言、そして、世界の現場から届いたエッセイを一冊にまとめたものです。

　何年か前、南フランスのとある大学校舎の壁画に、Tout est survie という表現を見つけました。「生き抜くのみだ」とでも訳せるのでしょうか。以来、重く記憶の底に留まり続け、本書製作の一つのきっかけとなりました。

　現在も絶えることのない戦火や紛争、にくしみ、分断、パンデミック。そして二一世紀のＡＩ革命によって、ともすれば見失いがちな人間性……。汎用ＡＩが現れるようなシナリオでは、人間の快楽や苦痛といった情動すら完全に姿を消す可能性があると指摘されます。我々は否応なしに、大いなる転換を――しかも猛スピードで――経験する時代を生きています。しかしながら、過去を振り返れば、さまざまな叡知と工夫を手がかりに、我々人類は多くの解決困難な事象を乗り越えてきました。

本書にはさらに、各地の言語や文化を尊重することで、母語や自文化を相対化し、自民族中心主義を克服、これからの世界で欠かせない「共生」という概念を感じてほしい、そんな願いが込められています。次のように言うことができるでしょう。まず、言語的・文化的弱者への理解の眼差しをもつこと。そして世界の多様性に触れ、生きているものとしての自己を、怖れず柔軟に変化させていく姿勢を得ること。今のように不透明で、未来を見渡せない時代を生き抜くには、こうした豊かな感性や感情、多義的な世界観を持つことがもっとも重要だと考えます。

この本に刻み込まれた身近なコトバ、愛や希望、家族、幸福、挑戦、多様性など、本当の人間的価値の意味を、専門家による多彩な解説とともに、ゆっくり味わっていただくことを願っています。

ともに、幸せに、生き抜くために。

名古屋外国語大学出版会編集長　大岩　昌子

二〇二四年八月

1部 名言、格言

できると思えばできる、
できないと思えばできない。

パブロ・ピカソ

ああ、でも人は、
手が届くよりも高くまで
手を伸ばすべきなんだ、
そのために天《そら》があるんじゃないのか？

Ah, but a man's reach should exceed his grasp,
Or what's a heaven for?

Robert Browning

十九世紀イギリスの詩人、ロバート・ブラウニング〔一八一二―一八八九〕の詩集『男と女』（*Men and Women*）に収められている「アンドレア・デル・サルト」（"Andrea del Sarto"）の一節。

一八三〇年代以降のヴィクトリア朝期、イギリス文学では小説が隆盛を極め、詩はそれほど目立たないが、それでもブラウニングはアルフレッド・テニスン（Alfred Tennyson〔一八〇九―一八九二〕）と並び、この時代を代表する詩人として名高い。「アンドレア・デル・サルト」は、実在したルネサンス期の画家が自ら語る「劇的独白」（dramatic monologue）の形式で書かれた詩で、この言葉は画家が芸術上の高い理想について口にする部分である。

このブラウニングの一節が元になって生まれた"reach exceeding grasp"というイディオムは、「手の届かないところまで手を伸ばす」ということから、「自分の能力もわきまえずに、できもしない不可能なことを求める」というネガティブな意味で使われることもあるが、元々のブラウニングの詩では、「さらなる高みを目指して精進する」という健気な志を表現していると解釈できる。望みを高くもち、ずっと高いところまで手を伸ばしていけたら良いですね。

甲斐　清高

神は死んだ。

Gott ist tot.

Friedrich Wilhelm Nietzsche

ドイツの哲学者ニーチェ［一八四四―一九〇〇］のこの言葉を好む日本人は多い。だが、この言葉が多くの日本人を痛烈に批判する意味を持っていることを知る人は少ない。

ニーチェによると、人間はより強くなろうとする「力への意志」を本来持っている。しかし今日人々はこの意志を失って人生の意義や目標を見失い、ニヒリズムに陥っている。その元凶はキリスト教である。キリスト教が説く同情・博愛・謙遜・忍耐等は弱者と奴隷の道徳であり、強者への妬みにすぎない。力強く生きようとする者を押さえつける奴隷道徳は、均質的で没個性の人間しか生み出さない。

しかし、今やキリスト教に束縛される時代は終わった。神は死んだ。人間はもはや神に頼ることはできないが、それゆえ逆に「力への意志」によって強く生きることができる。

善とは何か。力への意志を人間において高める全てのもの。悪とは何か。弱さに由来するいっさいのもの。〔…〕弱者とできそこないは滅ぶべし。これが我々の人間愛の第一命題だ。……『アンチキリスト』

約百五十年前のこの厳しい言葉は、そのまま現代の我々に向けられている。他人と同じでないと不安になり、同じような服を着て、同じようなアイドルを好きになり、同じような人生を送る。空気を読むことばかり考えて、自分が本当にすべきことから目を背け、和を乱さないように生きる。ニーチェに断罪されるような生き方の典型である。

「神は死んだ」と「弱者は滅ぶべし」は表裏一体である。「神は死んだ」と言う前に、「自分は滅ぶべし」と言っていることになりはしまいか、要するに、言っていることとやっていることが違うダサい人間になっていないか、よく考えてみることだ。

根無一信

自分の庭を
耕さなければならない。

Il faut cultiver notre jardin.

Voltaire

十八世紀フランスの啓蒙思想家ヴォルテール〔一六九四―一七七八〕が哲学的小説『カンディード』（一七五九年刊行）の末尾に記した言葉です。「庭の教訓」という呼び名で知られています。

純朴な青年カンディードは、「世界は最善である」という師パングロスの教えを信じて、幸せに暮らしていました。しかし、ある事件をきっかけに故郷を追われ、世界を放浪することになります。カンディードは、戦争、地震、異端裁判など、世界のありとあらゆる悲惨を目撃し、師の教えを疑い始めます。世界はちっとも最善なんかじゃない！

そして、最後にこの言葉を口にするのです。「自分の庭を耕さなければならない。」世界は最善ではないけれど、自分のできる範囲で少しずつ良いものに変えていこう、そのためには、無益な議論に耽るのではなく、目の前の現実に向き合い、仕事に励むことが何よりも大切だ、そのような思いがこの一文には込められています。

現在私たちが生きている世界は災禍に溢れ、ヴォルテールの小説を彷彿させます。世界の悲惨を前にして、私たちには何ができるでしょうか。自分の庭を耕すこと。ヴォルテールの言葉は今なおその重みを失っていません。

木内　尭

ひとを信じることはいいことだ。だが、信じないのはもっといい。

Fidarsi è bene, ma non fidarsi è meglio.

俗諺

イタリア留学中に幾度となく耳にした言い回しだ。一度聞いただけでは真意がわからず、どういうことかと頭をひねらないといけない。そんなイタリアらしい皮肉に満ちている。

ひとを信じることはいいに決まっている！　そう思っているひとは少なくないだろう。たしかに誰かれを信じて平穏に生きていければ理想的だ。しかし現実は甘くない。心底大切に思ってきた誰かに裏切られたり傷つけられたりすることだって、残念ながらある。ひとを信じきるのは危険ですよと囁くこの言い回しを支えているのは、イタリア特有の現実主義である。

なぜイタリアに現実主義が育ったか。地中海に突き出た半島は、古来交易の中心として栄えた。数千年前から多様な価値観が交錯してきたこの地で、常識は通用しない。偏見にとらわれることなく、目の前にいる人間とその現実に、そのつど目を凝らさなければならないのだ。そんなイタリアの地に育まれた知恵が詰まったこの言い回しは、ますます多様性が謳われるいまのわたしたちにたいする貴重なメッセージになっているように思われてならない。

石田　聖子

多くのラテンアメリカ人にとり、
亡命はもはや
祖国となっているようだ。

Para muchos latinoamericanos tal vez el exilio ya sea la patria.

Gabriel García Márquez

¡EXILIO! (1977, Tinta Libre, s.a. MEXICO)

ＵＮＨＣＲの報告によると、全世界の人口の一％以上が故郷を追われているという。そこには難民はもちろん亡命者が含まれる。祖国と亡命について、コロンビア出身で亡命先のメキシコで後半生を送った作家ガルシア＝マルケス〔一九二七―二〇一四〕は次のように言う。

多くのラテンアメリカ人にとり、
亡命はもはや祖国となっているようだ。

これは、チリ、エクアドル、ニカラグアなどラテンアメリカに祖国を持つ六人の若手作家の短篇集（¡EXILIO!『亡命！』〔一九七七年、未邦訳〕）に彼が寄せた序文からの引用である。特徴は、六人の作家が全て亡命者であること。彼らは亡命先でも執筆を続け、祖国が束の間安定すると帰還した。しかし、この短篇集の刊行から半世紀が経ついまも、ラテンアメリカのみならず、政治や宗教上の不寛容あるいは争いにより土地を追われ、難民そして亡命者となる人々が絶えない。「祖国」とは本来、「祖先以来住んできた国」という意味である。だから、そこを追われる事態は本来あってはならないのだが、ともすると私たちは世界の動乱に慣れてしまって、それが異常であることを忘れているのではないだろうか。

野谷　文昭

同意しないなら、それでいい。
異なる考えを持つなら、それでいい。
しかし、守らないのは、ダメだ。
攻撃するのは、決して許されない。

Discordar, sim. Divergir, sim.
Descumpurir, jamais.
Afrontá-la, nunca.

Ulysses Guimarães

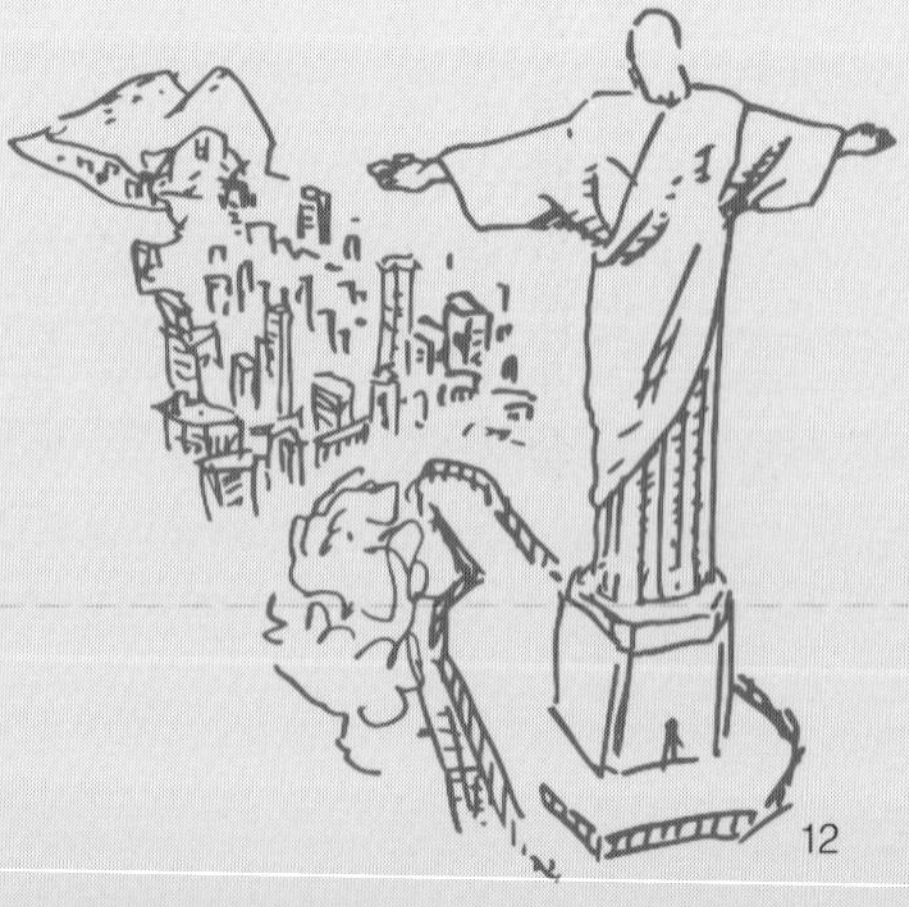

一九八八年十月五日、ブラジルの首都ブラジリアにある国会議事堂で、憲法制定議会議長ウリセス・ギマランイス［一九一六―一九九二］は新憲法公布を宣言した。その中で、「この憲法は完璧なものではない」と認めつつ、上の警告を発したのであった。「この憲法を裏切る者は、祖国の裏切り者だ。私たちは呪われた道を知っている。憲法を破り捨て、議会の扉に鍵をかけ、自由を絞め殺し、愛国者を牢獄、亡命、そして墓場に追いやったことを。」

一九六四年四月、軍事クーデターで政権を奪取したブラジルの軍部は、一九八五年三月の文民大統領への政権移譲まで、二十一年間の独裁体制をしき、数々の人権侵害を行った。その後、憲法制定会議は、一年半をかけて新憲法を作成した。女性、先住民、黒人、同性愛者などのマイノリティの権利を広く認めたことから、「市民の憲法」と呼ばれる。

二〇二一年九月七日はブラジルの一九九回目の独立記念日であった。批判の高まりを受け、当時のボルソナーロ大統領は、サンパウロで支持者を前にクーデターを煽るような演説を行った。直ちに検事総長アウグスト・アラスは、このウリセス・ギマランイスの言葉を引用して批判する。ボルソナーロ支持者が大統領選挙の敗北を認めないまま、国会議事堂に乱入するのは、その一年半後の二〇二三年一月八日であった。

鈴木　茂

我々には予見できない、
いかに我々の言葉が反響《こだま》するか、——
そして我々には思いやりが与えられる、
神の恵みが与えられているように…

Нам не дано предугадать,
Как слово наше отзовётся, —
И нам сочувствие даётся,
Как нам даётся благодать…

Фёдор Иванович Тютчев

十九世紀ロシアの外交官で詩人のチュッチェフ［一八〇三－一八七三］は、「頭ではロシアは分からない」という四行の格言的な詩で有名であり、ロシアの謎めいた神秘的なイメージが定着されるのに一役買っている。ここに紹介した円熟期の詩「我々には予見できない」も、同じく四行かつ格言となっている。こちらはロシアではなく、発された言葉が周囲に及ぼす影響の計り知れなさについてである。

詩の前半部分では、私たちの言葉が受け手にいかなる作用を与え、受け手がいかなる反応を返すかを予め知ることはできない、ということが述べられている。言葉の持つ力の大きさが表現されているのである。世界には様々な人がおり、どのように受け止められるか分からない以上は、言葉は他者を傷つけることもあれば、ポジティブな力を与えることもできるだろう。また、発されてしまった言葉は元に戻せないため、慎重に用いるべきであるということも含意されている。

後半部分では、人には同情心が与えられていると述べられている。そして、それが私たちへの神の恩寵と同等のものとされている。この箇所では、私たちには他者に向けて思いやりの言葉を投げかける力が神から与えられていること、人々が言葉によってお互いに善い作用を与え合うことへの作者の希望が示唆されている。

齋須　直人

希望とは、本来あるとも言えないし、
ないとも言えない。
これはちょうど地上の道のようなもの、
実は本来、地上に道はないが、
歩く人が多くなると、道ができるのだ。

希望本是无所谓有，无所谓无的。
这正如地上的路；其实地上本没有路，
走的人多了，也便成了路。

鲁 迅

これは中国の作家魯迅〔ルーシュン、ろじん、一八八一－一九三六〕が、短編小説「故郷」（一九二一年発表）の末尾に記した言葉です。

――語り手の「僕」は没落した実家の屋敷を処分し、老母や幼い甥を自分が暮らす異郷の街へと迎えるため、二十年ぶりに帰郷する。彼の前には、淑《しと》やかな若奥さんから図々しい中年婦人に一変した楊《ヤン》おばさんと、幼馴染みで今や貧困のため卑屈になった農民閏土《ルントウ》とが現れる。「僕」は不用品は閏土にあげることに決め、閏土も畑の肥料用にかまどのわら灰を望む。ところが灰の中から碗や皿が見つかり、楊おばさんの推理で犯人は閏土だと判定される。いっぽう甥は閏土の息子と仲良しになり、村里に遊びに行くことを楽しみにしている……

「故郷」において、魯迅と等身大の「僕」は未熟な大人であり、貧しく恨みがましく自分勝手な故郷の人々を前に迷い続けながら、希望を子供たちの未来に託しているのです。

藤井　省三

ダメ元でチャレンジして！

밑져야 본전이야, 한 번 도전 해 봐!

ダメ元で告白してみて！

밑져야 본전이지, 한 번 고백해 봐!

俗諺

「ダメ元」と訳した言葉、「밑져야 본전이야」は、韓国の映画やドラマを観てみるとよく出てくることわざの一つである。直訳すると「損しても元のお金は戻ってくる」になる。このことわざには、韓国人の人生観がよく表れている。どうせ人間は「手ぶらで生まれて手ぶらで死んでゆく」ものなので、人生に損なんかないという考え方だ。

韓国のドラマには、日本人にとってかなり恥ずかしい告白の場面がよく出てくるのも、このことわざゆえである。相手に拒絶されても、振られても、その瞬間少し恥ずかしいだけで、損なんかないと韓国の人は考える。告白の場面だけではない。どこの国に行っても必ず韓国の若者に出くわす。旅行であれ、留学であれ、ビジネスであれ、韓国の人は怖いもの知らずでよく海外に飛び込んでいく。「ダメ元やってみる！　うまく行かなかったらまたやりなおせばいい」と考えるのだ。

福島　みのり

それでも挑戦したいときは、
決して諦めないで。
勝利まであと一歩なのだから
後悔しないように。

Jangan pernah menyerah jika kamu masih ingin mencoba.
Jangan biarkan penyesalan datang karena kamu selangkah lagi untuk menang.

Raden Adjeng Kartini

ラデン・アジェン・カルティニ［一八七九―一九〇四］は、オランダ領東インド（現在のインドネシア）出身の女性である。インドネシアにおいては「民族覚醒の母」や「女性解放の先駆者」であるとされており、一九六四年にはインドネシア国家英雄の称号を与えられた。

一八八五年、カルティニはジャパラにあるヨーロッパ人小学校（Europeesche Lagere School）に入学した。そして、一九〇〇年頃から、「オランダへ留学し、その後ジャワに戻って貴族の娘たちのために寄宿学校を設立する」、あるいは「バタヴィアの医学校に通って医師になる」ことを希望していた。どちらの夢もかなわなかったが、後にジャワの女性のために私塾を開き、職業訓練のためのコースを学校に設置することを考えていたものの、一九〇四年に死去したために実現させることはできなかった。カルティニは、教育の分野で女性が男性と同じ権利を得るために戦った。

このカルティニの一文には、何かのために戦うときは簡単に諦めないように、また、中途半端に苦労すると後悔する可能性があるという意味合いが含まれている。夢を実現するための困難な闘いの最中でも、のちに夢が達成されたときの幸福が待っていることを信じたい。夢を実現できるよう、これからも頑張っていきましょう。

ユリア・ウインダルティ
（Yulia Windarti）

大きい象が死んでしまった。
覆ったのは小さな蓮の葉だった。

ช้างตายทั้งตัวเอาใบบัวไปปิด

俗諺

これはタイのことわざです。皆さんは、悪いことをしてしまったとき、他の人に知られないように隠すかもしれません。でもそれは、小さな葉で覆い隠したにすぎないので、時間がたつうちに知られてしまうはずです。高校生が先生や親に知られないようにタバコを吸ったとしても、いつか必ずばれる時がきます。つまり、悪いことははじめからやらない方が良いのです。例えば、会社のお金を横領して家を買ったり、外国へ遊びに行ったりすると、最終的には会社の知るところとなり、仕事を続けることができなくなります。

タイの人々が信じるのは、こうした世界、つまり秘密のない世界です。悪いことをすれば、すぐには警察に捕まらないにしても、いつかは必ず逮捕されるでしょう。また、結婚した後で浮気をすると、最初はうまくいくかもしれませんが、長い時間がたつうちに、相手は疑いの気持ちを持ち始め、どこかがおかしいと感じるようになります。結局、秘密がばれて、別れることになるかもしれません。今までの幸せな生活が台無しとなり、苦しい人生が待っています。

毎日、一歩一歩、気を付けて生活すること。何をするにもよく考えて決めること。後悔しないように行動すること。そして、決めたら、責任を持って、その結果を受け入れることが大切です。

寺田　ダラポン

サルは、母の目にはカモシカ

القرد في عين أمه غزال

俗諺

アラビア語でことわざのことをマサルといいます。もとは「類似」を意味する名詞です。なにか例を挙げ、似た事柄を連想させることで、婉曲かつ簡潔に多くのことを伝えるのです。アラブの人々はことわざへの関心が高く、ことわざ集のような本も昔から存在します。アラブのことわざには、イスラムの教えに由来するもの、預言者ムハンマドのことばに源を発するものも少なくありません。

ここに挙げたことわざの意味は説明するまでもないでしょう。ここでのサルは――サルには申し訳ありませんが――醜い者の代名詞です。しかしそのような者であっても、我が子を愛する母親から見れば、カモシカのように美しいというのです。親バカぶりを言っているともいえますが、母親の愛情の深さを示しているとも考えたほうがよいかもしれません。

というのは、ムハンマドが遺した有名なことばとして「天国は母親の足元にある」というものがあるからです。人々に母親の愛情の深さを思い起こさせ、母親を大切にするよう促しています。アラブ世界では、家族のつながりが非常に強いのですが、そのなかでも母と子の関係は特別だということがわかります。

八木　久美子

わたしは自分が知らないことは何一つ知っていると思ってない。

ἃ μὴ οἶδα οὐδὲ οἴομαι εἰδέναι.

Πλάτων "Ἀπολογία (ソクラテスの弁明)" 21d

これは、古代ギリシアの哲学者ソクラテス［BC四七〇頃－BC三九九］が、もし自分に他人より少し賢いところがあるとしたら、それはこの一点のみだと述べた部分である。

彼は「お前ほどの知恵者はいない」という自身の受けた神託が信じられず、それが間違いだと示すため、知恵者とされる人々を訪ね歩き、彼らと問答を重ねて、自分より知恵のある人を探し出そうとした。しかしソクラテスは、彼らが美や善や徳などについて実は何も知らないことを暴いてしまう。自身が本当は何も知らないという自覚が、真の知恵を愛し追い求める者の条件だとソクラテスは確信し、真の知恵を見出すための対話を続けていく。面白いことに、ソクラテスより一世紀ほど前の孔子［BC五五二－BC四七九］に「知之為知之、不知為不知、是知也（之れを知るを知ると為し、知らざるを知らずと為す、是れ知る也）」（論語・為政第二17）という言葉がある。この孔子の言葉は、知らないこと（不知）の自覚そのものが知であるとする点で、ソクラテスの言葉とよく似ている。東西の哲学の始祖とされることのある二人が、知るとは何かについてよく似た言葉を残しているのはとても興味深い。

児玉　茂昭

わたしゃ人間なもんで、
人間に関わることは何ひとつ
自分と無関係とは思ってないんですわ。

Homō sum. Hūmānī nīl ā mē aliēnum putō.

Terentius “Heauton Timorumenos（自虐者）” 77

この言葉は、元々は古代ローマの喜劇作家テレンティウス［BC一九〇頃—BC一五九］の喜劇「自虐者」の中のせりふで、隣人に「なんであんたは自分に関係ないことにやたらと首を突っ込むんだい？」と聞かれたクレメースという男の、それに対する返事である。

このおせっかいな男の言い訳は、その後、古代ローマの最も偉大な哲学者にして弁論家、そして政治家の一人であるキケローによって、教養人の理想像を端的に示した言葉とされる。つまり、教養ある人間とは狭い専門のみを学び、そこに安住する者ではなく、人が作り出したあらゆるもの、すなわち芸術や文学や哲学や数学、雄弁術などに関心を持ち、それを学び修めた者だというわけである。

その後、古代ローマやギリシアの古典を研究し、そこに人のあるべき理想の姿を見出そうとしたルネサンス時代の人文主義者たち（humanists）により、キケローは理想的教養人とされ、この言葉も彼らの目指すべき姿を端的に表したものとして再生する。現在、大学に「教養科目」という専門外の幅広い学問を学ぶ科目が用意されているのも、その始まりをたどると、この言葉までさかのぼる。

児玉　茂昭

自由と独立ほど
貴重なものはない

Không có gì quý hơn độc lập, tự do

Hồ Chí Minh

現代ベトナムの建国の父であるホーチミン氏の名言に「Không có gì quý hơn độc lập, tự do」という言葉があります。日本語に訳すと「自由と独立ほど貴重なものはない」という意味であり、ベトナム人にとって自由と独立の価値を強調しています。この独立は、四千年の歴史を通じて、ベトナム人が愛する国の領土と先祖の文化・言葉を守るために、外国からの侵略軍に対抗し続けてきた成果に他なりません。

また、この名言は個人の視点から見ると、自分が望む生き方を自ら選ぶことが至福であることを示しています。そのためには、前向きな目標を持ち、自立に向けて努力しなければならないという意味も含まれています。

この背景を踏まえて、「自由と独立ほど貴重なものはない」というホーチミン氏の言葉は、現在もベトナム国民にとって忘れられない教えとして受け継がれています。

グェン・タン・タム
(NGUYỄN THANH TÂM)

（1）一九四五年九月二日にベトナムはフランスと日本の支配から解放され、ホーチミン氏が独立を宣言し、ベトナムの新たな歴史が始まりました。

人はじきに去ってゆく、
だから急いで愛そう。

Śpieszmy się kochać ludzi
tak szybko odchodzą.

Jan Twardowski

この言葉は、ポーランド人詩人かつカトリック司祭だったヤン・トファルドフスキ〔一九一五－二〇〇六〕が一九七一年に書いた「Śpieszmy się（急ごう）」という詩の冒頭に登場する一行である。言葉遣いが大変シンプルで美しく、同時に切ないこの詩は、命の尊さ、及びその短さへの危惧をテーマとしたものであると同時に、愛する人との絆の大切さも思い出させてくれる。

この一行の最後に登場する「odchodzą」という動詞は、文字通りに訳すと「彼らは去っていく」になるが、日本語の「ゆく（逝く）」同様、「亡くなる」という意味もあり、この詩では両方の意味が含まれているとも解釈できると私は思う。すなわち、私たちにとって大切な人、愛しい人はいつ亡くなってしまうか、あるいは、私たちの人生から姿を消してしまうかが誰にもわからないため、その人を「急いで愛そう」、「大切にしよう」との呼びかけである。紛争、戦争、政治社会的不安のみならず、（各種の）差別や憎しみを生み出すことすらある「他人」に対する恐怖に満ちた現代を生きる私たちには、この詩は、人と過ごす時間を無駄にせず、その人の存在をありがたく想って毎日を生きるべきだ、という大切な教えになるのではないだろうか。

マルシャレンコ・ヤコブエリック
（Jakub E. Marszalenko）

ヤナギとガマズミなくして
ウクライナなし

Без верби і калини
нема України.

俗諺

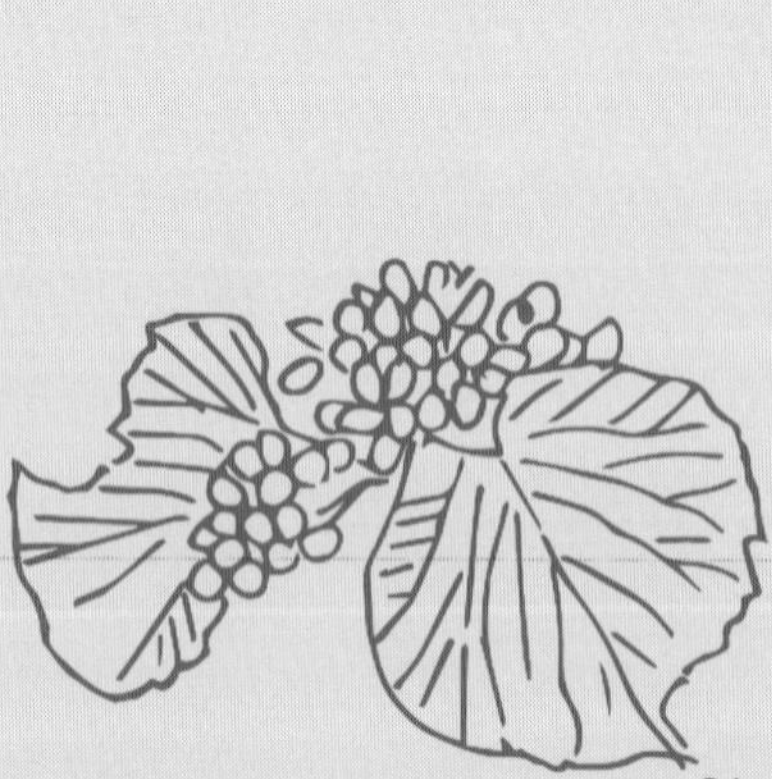

どの国にも古くから伝わるシンボルがある。ウクライナ人にとって、ヤナギとガマズミは天然のシンボルである。

ウクライナの民謡、伝説、物語、おとぎ話には、ヤナギとガマズミの姿がよく登場する。ヤナギとガマズミは、ウクライナの家庭の庭で昔から象徴的な植物として使われてきた。ガマズミの実の赤い色は、ウクライナ人の独立国家の権利のために、何世紀にもわたって血みどろの戦いを繰り広げた英雄的なウクライナ人の血を思い起こさせる。また、ガマズミは、乙女の美しさと純潔の象徴でもある。ウクライナの乙女の美しさを示すには、乙女をガマズミにたとえるのが一番である。ウクライナの民族衣装やイースター・エッグの上絵には、ガマズミの姿がよく見られる。

ヤナギの木もまた、ウクライナとウクライナの土地の象徴である。ヤナギが育つ土は常にもっとも肥沃である。さらに、ヤナギの木は生命の象徴である水に近い、水分の多い土壌で育つことが多い。枝分かれしたヤナギの枝は、家族の関係の広さと家族の絆の強さを象徴している。ヤナギがガマズミとともに家族のお守りであるのはそのためだ。気候条件の関係で、ウクライナではヤシの木は育たない。そのため、復活祭前のパームサンデーには、棕櫚《しゅろ》の枝の代わりに柳の枝が使われ、パームサンデーは「柳の日曜日」と呼ばれる。

ダツェンコ・イーホル
（Даценко Ігор）

とても強い人は、大きな優しさも持っていなければなりません。

Den som är väldigt stark måste också vara väldigt snäll.

Astrid Lindgren "Känner du Pippi Långstrump?"

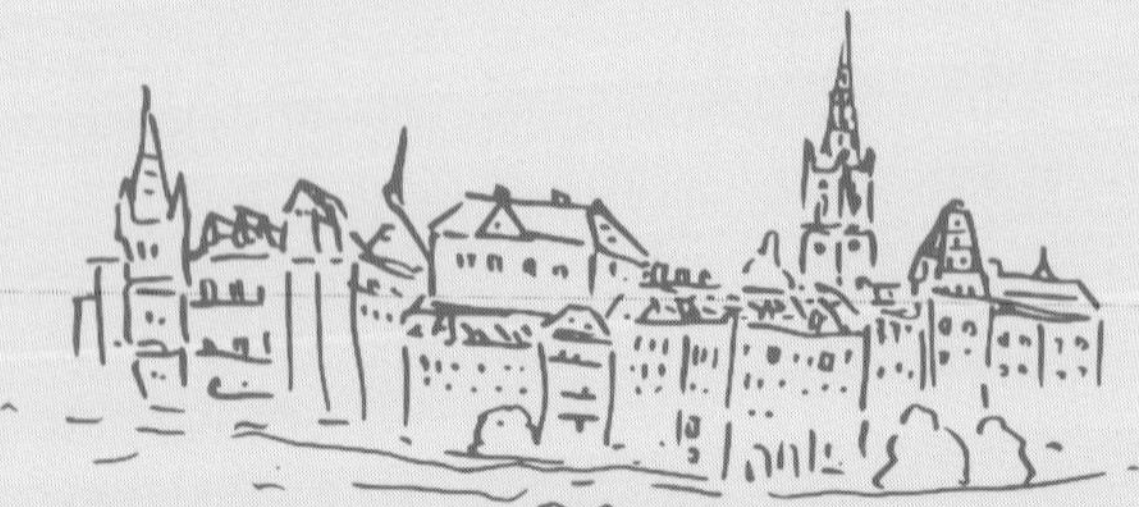

スウェーデンを代表する児童文学作家アストリッド・リンドグレーン〔一九〇七―二〇〇二〕の代表作『長くつ下のピッピ』(*Pippi Långstrump*) が出版されたのは、一九四五年。主人公のピッピは力持ちで、大人に頼らず何でも自分で決める、世界一強い女の子。「大人の言うことを聞くのがいい子」という当時の考えとはかけ離れていたため、大人からは批判も多かったそうです。一方で、子ども達にはピッピは大人気で、一九四七年には小さな子もピッピの物語を楽しめるようにと絵本『こんにちは、長くつ下のピッピ』(*Känner du Pippi Långstrump?*) が出版されました。

この言葉はその絵本の一節で、ピッピの家に押し入った泥棒がピッピにこらしめられて泣きだし、気の毒に思ったピッピが、「これで食べものでも買って」と金貨を渡す場面の語り手の言葉です。力をただ振りかざすのではなく、相手を思いやる優しい心も合わせ持つピッピは、今なお世界中の子ども達に愛され続けています。

梅谷　綾

喜びを食らうものは、
辛さを食らうものである。

Mla raha, Uchungu hula.

俗諺

このことわざは、幸せに、もしくは成功したと見える人でも、困難を抱えている、もしくは困難な時期を経験した人びとであることを示している。

スワヒリ語圏とは、ケニア、タンザニアを中心とする東アフリカのソマリア南部からモザンビークの北部までのインド洋沿岸部を指す。古くからアラブ・ペルシャ商人たちが交易に訪れ、文化接触によってスワヒリ文化がつくられた地域である。

タンザニアの主な職業は第一産業の農業である。小規模農業型が大半であり、その収穫は現金獲得のための販売用ではなく、自家消費用とする人々が多い。そのため、現金収穫が困難となっている。しかし、そこから努力の末、生活を向上させている人々も存在する。そのような人びとは、「成功者」「富裕層」というイメージが先行されてしまいがちである。しかし、農家の多くは、水、電気などのインフラが整っておらず、義務教育の時期は学校からの帰宅後、家事および農業の手伝いをしながら勉強に励んでいる。その結果、大学まで進学し、中には海外留学を経験し、その上で成功に至った人々である。現在の姿のみで判断をするのではなく、隠された努力・困難にも注目したいものである

高村　美也子

レンデカーは間違っている。
我思うけど、ゆえに我だけありじゃない、
我思うからこそ汝があり、
汝と汝が住んでいる世界がある。

Rendekar yanılıyor: Düşünüyorum ama sadece ben var değilim. Düşündüğüm için asıl sizler varsınız; sizler ve içinde yaşadığınız dünya.

İhsan Oktay Anar "Puslu Kıtalar Atlası"

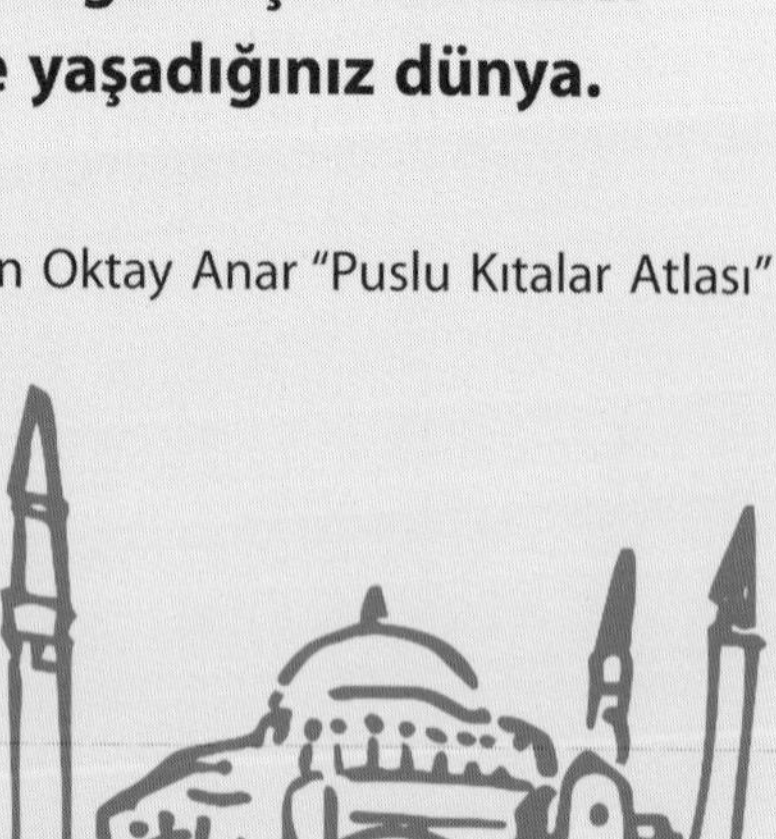

トルコの有名なポスト・モダニズム作家イフサン・オクタイ・アナル［一九六〇—］が書いた小説Puslu Kıtalar Atlası（霧の大陸アトラス）で主人公のウズン・イフサン・エフェンディが辿り着く結論。デカルトの「我思う、ゆえに我あり」に関連していることがすぐにわかる。

主人公は世界を見たいが、実際には怖く、夢の中で世界を探索するのに睡眠薬を飲み、夢を地図帳に書き込む。主人公には息子のブニュヤミンがいて、彼は父の書いた夢の本を持ち、冒険に出る。やがて、ブニュヤミンも含めて全世界が主人公の想像で作られた世界であることと、作家が自分を主人公の形で表していることがわかる。この啓示の後、主人公はこの名言を発言するのだ。

デカルトの哲学を一歩進め、「我思うからこそ汝があり。しかし、我は誰なのか」を問うことで、その上に「我が思う・夢を見る故に汝がいる」と結論するのである。デカルト以外にも、蝶になった夢を見、起きたら自分が人間であった夢を見た蝶か、蝶の夢を見た人間が分からなくなる荘子にも言及するでしょう。本を読み終えた後も、何が現実か、何が自分の想像かと混乱することになる。

ケッレ ガムゼ
(Gamze Kelle)

2部 複言語の世界

なりたかった自分になるのに
遅すぎるということはない。

ジョージ・エリオット

英語

英語は世界の共通語？

川原　功司

はじめに

『飛行機に乗り込み、身動きが取れないくらい狭い座席に腰をかける。しばらくすると日本語の機内設備と飛行の案内があり、その後、英語の案内が続く。非常時の安全事項の説明に関しても同じだ。日本語の後に、英語のアナウンスが続く』

こういう風景は当たり前のように思われるかもしれません。ところで、飛行機の機内アナウンスに英語が使用されているのは日系の航空会社だけなのでしょうか。それとも、日本から出国する、あるいは日本へ帰国する飛行機便だけのことなのでしょうか。

実は、飛行機は世界各国あちこちを飛び回っていますが、そのどの便に乗っても英語のアナウンスはあるのです。韓国から中国、中国からシンガポールへと飛び立つような便であっても、フランスからドイツ、ないしはドイツ国内だけの便であっても、英語の案内はついて回るのです。

また、Airspeak と呼ばれる航空管制で用いられる言語は、英語が共通語であり、特に管制塔と飛行機との間で交わされるコミュニケーションにおいては、曖昧性を排除するため、How do you read?「了解しましたか」が理解を確認するための唯一の表現なのです。これに対する返事が Roger「了解」であるということも有名です。これは、Roger という人名が、received and understood という言い回しと同じく、r で始まる語であることが由来なのです。

さまざまな英語が生まれてくる

話は変わって、W3Techs の二〇一八年六月の調査によれば、インターネット上で使用されている言語の過半数（五十二・四パーセント）は英語であり、その影響力がよくわかります。二〇〇六年に出版さ

れた本 *A History of the English Language* に寄稿している David Crystal という言語学者によれば、三億三千万～六千万人が第一言語として英語を話す人たちなのだそうです。また公用語として英語が使用されており、第二言語として英語を使用している人たちも、同数程度いると推定されています。何より顕著なのが、外国語として英語を使用している国の人たちの数で（日本を含む）、七億五千万～十億人程度いると考えられています。世界人口は約七十億人と見積もられていますから、二十パーセント近くの人たちが英語を話せるということになります。外国語として英語を話せる人たちの数はこれからも増大し、様々な種類の英語が生まれてくるということも予想されています。

研究をしていると実感しますが、国際学会の公用語は基本的に英語です。たまに、フランス開催の学会ではフランス語の発表が認められることもあるようですが、大半は英語です。いちど経験がありますが、フランス語での発表の際には英語の通訳がついていたことも覚えています。また、最新の学術成果が掲載されている学術雑誌も、ほとんどが英語です。

このように、二十一世紀では圧倒的な存在感を持つ英語ですが、人類史上ここまで一つの言語がたくさんの人に使用されるようになった例は他にありません（バベルの塔の話が事実でなければ）。英語が世界で存在感を持つようになったのは、十八世紀以後の大英帝国の繁栄と、第一次・第二次世界大戦を通してアメリカが覇権国家になったから、という事情があります。十七世紀までは、ラテン語が共通語としての役割を果たすことが多かったですし、その後の一七一四年、神聖ローマ帝国とフランスの間で結ばれたラシュタット条約では、フランス語で調印が行われ、それ以後はフランス語が影響力のある言語として使用されてきました。

マイナー言語から世界の言語へ

英語はもともと、西ゲルマン語群に分類されるゲルマン系の言語で、ドイツ語やオランダ語などと近い親戚に当たる言語でした。五世紀に入り、この言葉を話していたと考えられているアングル人、サクソン人、ジュート人たちがブリテン島に侵入し、イギリスに英語（Angle「アングル人の」-ish「言葉」という意味です）を持ち込んだと言われています。

当時のブリテン島の人口は、英語以外の言葉を話す人も含めて百〜百五十万人前後であったと考えられています。現在の名古屋の人口が二百三十万人ですから、名古屋弁を話す人の数の方が圧倒的に多いと言えば、その数は想像できるでしょうか。今でこそ、都会の洗練されたイメージのあるイギリスですが、当時はヨーロッパ北方の辺鄙《へんぴ》な島国でしかなかったのです。さらに一〇六六年から二百年近く、ブリテン島では公用語がフランス語だった時期もあったのです。

小さな島国のマイナーな存在だった英語が、世界におよそ五千から八千もあると考えられている言語の中で、なぜ一番使用される（ただし、第一言語として使用されているのは中国語が一番多い）ようになったのでしょうか。都市伝説として、英語が世界で一番使用されているのは「英語が簡単だから」という誤解があります。

英語の難しさは人それぞれ

これについて説明しましょう。ある外国語が「簡単だ」と思うのは、その言語を学ぼうとしている人たちの第一言語が何か、というのが一番問題になります。先ほど言及したとおり、英語はドイツ語やオランダ語と近い親戚なので、これらの言語を母語としている話者にとっては、英語は「簡単な」言語ということになります。実際、英語を巧みに使うドイツ人やオランダ人は相当数いることが知られています。また、フランス語が公用語だったことから、英語にはフランス語由来の単語がたくさん入り込んでおり、かつフランス語の祖先であるイタリック語派は、ゲルマン語派と同じく印欧祖語という共通の祖先に当たる言語を共有していたと考えられており、文法的にも類似しているところがたくさんあります。

そういうわけで、イタリック語派の子孫であるフランス語話者、ポルトガル語話者、スペイン語話者、イタリア語話者などにとっても、英語は比較的「簡単な」言語であるということになります。

一方、日本語は英語とそれほど関係が深いわけではありません。言語的に親戚関係にはありませんし、本格的に英語を勉強する人たちが出現してきたのは、幕末から明治にかけて以後のことで、ほんの百五十年程度のつきあいでしかありません。そういうわけで、日本人にとって、英語は「難しい」言語であるということになります。

逆のことも言えます。アメリカ国務省の外交官養成機関であるForeign Service Instituteによれば、英語を第一言語とするアメリカ人にとっては、日本語はアラビア語、中国語、韓国語と並んで最も難易度の高い言語であり、週三十時間の集中コースで四十四週かけて、初めて上級者になることができるという調査があります。なお、フランス語やドイツ語などはもっとも容易な言語に当たり、二十週のコースでよいと考えられています。単純に英語母語話者にとっては、日本語はフランス語やドイツ語の倍以上難しい言語である、ということができるわけです。この言語間の距離は、英語から見た日本語、日本語から見た英語に関しても同じであると考えられるので、みなさんが英語学習で苦労しているのは、ある意味「当然」のことなのかもしれません。

さて、では、どのようにして英語が世界に広まっていくようになったのでしょうか。また、昔の英語は、今とは「違う」のでしょうか。そういった事情が知りたければ、二〇一九年に刊行された拙著『英語の諸相（音声・歴史・現在）：英語コアカリキュラム対応』（名古屋外国語大学出版会）を手に取ってみてください。

また、日本で英語ができるようになれば給料が上がるのか、これからの社会人に英語は必要不可欠なのか、といった問題について興味があるようでしたら、『「日本人と英語」の社会学』（寺沢拓敬著、研究社）を手に取ってみてください。きっと、興味深い考察が見つけられるはずです。

ドイツ語

私がみたドイツ
――オペラ通いの日々から――

白井 史人

はじめに

ドイツというと、まず何を思い浮かべますか。ソーセージにビール、車、サッカー、スキーなどでしょうか。バッハ、ベートーヴェン、ゲーテ、アインシュタインらの偉人もいます。勤勉で厳格なイメージもあるかもしれません。

しかしドイツ語圏で生活し、言葉、文化、政治や歴史に触れると、一口に「ドイツ」とまとめがたい多彩で複雑な面が見えてきます。複言語学習は、「ドイツ」っぽいってこんな感じ?という前提や先入観をいったん壊し、自分の目や耳でその世界を体感することに通じています。

ドイツと「ドイツ語圏」

そもそも「ドイツ語」を公用語としているのは、国としての「ドイツ」だけではありません。ドイツの正式名称は「ドイツ連邦共和国」、人口は八二〇〇万人ほどで、十六州にわかれて連邦制をとっています。

オーストリアでもドイツ語が公用語です。しかし、イントネーションや発音に若干の相違があり、「オーストリア語」という呼称もあります。人口は約八八〇万人でカトリック圏。ハプスブルク家の都・ウィーンを首都に擁し、ドイツ語圏の歴史と伝統が根付いています。

イタリア、フランス、ドイツと国境を接するスイスでは(正式名称:スイス連邦、首都・ベルン)、ドイツ語を中心とした地域が、ジュネーブなどのフランス語圏、ルガーノなどのイタリア語圏に隣接しています。人口は約八五〇万人で、上記の三つの言語のほか、ロマンシュ語も公用語の一つです。

さらにリヒテンシュタインや、ポーランド、デンマーク、ハンガリーなどの国境地域でもドイツ語は使用されています。これらの地域的広がりに加え、ドイツ連邦共和国のなかでも、方言や文化などさまざまな違いがあります。「ドイツ語圏」は、決して一枚岩ではないのです。

さまざまな「こんにちは」

例えば、ドイツ語の授業で最初に習う「こんにちは」という挨拶もさまざまです。教科書にまず載っているのは「Guten Tag!（グーテン・ターク！）」。これはもちろん全国で通じるのですが、ドイツ南部のバイエルン地方では「Grüß Gott!（グリュース・ゴット！）」が普通です。「Gott」という語は「神」を意味するので、さすが敬虔なカトリック圏、と思っていたらそれは早合点。西のカトリック圏ノルトライン＝ヴェストファーレン州では「Guten Tag!」となります。港町ハンブルクを擁する北部では、「Moin!（モイン！）」という可愛らしい挨拶も使われます。

国境を越えたスイスではさらにややこしく、スイス＝ドイツ語と呼ばれる一種の方言で「Grüezi!」です（[gryːətsi]、うまくカタカナになりません）。ただし、いろいろな言語が街中で飛び交っていますから、パン屋でこちらが「Guten Tag!」と声をかければ「Guten Tag!」、おそるおそる「Grüezi!」と試すと、笑顔で「Grüezi!」と返ってきます。かと思えば、隣の客にはフランス語で「Bon jour!」と合わせていて、店員さんも大忙しです。同じ「ドイツ語圏」でも、挨拶ひとつさえ一筋縄ではいかないのです。

ドイツでの生活――ベルリンでのオペラ通い

そのなかで、私にとって一番身近な「ドイツ」はどこかというと、大学院生のころに留学したベルリンです。昼は音楽やオペラ、映画の歴史と理論を学び、夜は劇場に通い続けた生活から見えてきたその一面を、少し詳しくご紹介しましょう。

ベルリンでは、大変安価に生の音楽や演劇に触れる機会があります。例えば公的な歌劇場は三つあり、連日、異なる演目を上演しています。人気公演は売り切れる場合もありますが、学生であればほとんどの公演

ベルリン国立歌劇場（2018年9月）

で、一〇〜二〇ユーロでチケットをたやすく入手できます。また世界屈指のオーケストラであるベルリン・フィルハーモニー管弦楽団の本拠地では、オーケストラのすぐ後ろの舞台上に座り、格安に公演を聞くこともできます。こうしたジャンル以外にも、有名なクラブハウス、屋外のテント劇場、小規模な朗読会や講演など、探し始めると夜な夜な出かけてもまったく追い付きません。

なぜ三つの歌劇場が？——再開発と街の記憶

ところで、なぜオペラ一つとってみても、一つの都市に三つも歌劇場があるのでしょうか。いくら日本よりもオペラが身近とはいえ、その過剰さにはベルリンならではの理由がありそうです。三つの歌劇場はそれぞれ東西分断以前の歴史を持っていますが、とりわけ第二次世界大戦後、ベルリンの壁に隔てられ、東の共産圏と西の資本主義圏に分かれて競い合った時代がありました。その記憶をとどめ、劇場の個性を発展させることを大切にしているためではないかと思います。

旧東側に位置するベルリン国立歌劇場はかつてのプロイセンの宮廷劇場で、小説『舞姫』にも出てくる有名な街路「ウンテル・デン・リンデン」沿いにあります。そこからわずか数百メートルほどに位置するのがコーミッシェ・オーパー。「コーミッシェ」は、ドイツ語で「喜劇的」という意味です。旧東ベルリンを象徴する歌劇場で、第二次世界大戦後にヴァルター・フェルゼンシュタインという伝説的な演出家が活躍しました。現在もその伝統が息づいており、先鋭的な演出が盛んです。

こうした旧東側の劇場に対して、ベルリン・ドイツ歌劇場は、かつての市立劇場から戦後の改築を経て、旧西側のオペラ界の牙城として公演を続けています。

これらの歌劇場は、毎年いくつもの刺激的な舞台を新制作する一方で、分断期に製作された演出も残しています。もし劇場を一つでも統廃合すると、その演出は永遠に失われてしまうでしょう。舞台は生き物で、町の財産でもある――三つの歌劇場の間を走り回っていると、そのことが肌で感じられました。

ただこの歌劇場たち、実はドイツの「いい加減さ」も教えてくれます。国立歌劇場は長期間改築をしていたのですが、完成予定に間に合わず、延びに延びて二〇一七年秋にようやく再開しました（その間、工事現場を有料で見学させていたのは驚きました！）。お隣のコーミッシェ・オーパーをそろそろ改築しようという話も出ていますが、一度始めたら完成はいつになるやら分かりません。それでも工期の遅れさえ笑いのネタで、わが町の歌劇場として愛されているのです。

我々すべての態度が問われている

ドイツでも新型コロナウイルスの影響は甚大で、二〇二〇年の三月十一日からこれらの劇場も公演を中止しました。国民の「連帯 Solidarität」を訴えるメルケル首相のテレビ演説にも支えられて、オンラインでの映像配信や音楽家への補償など、歌劇場もさまざまな試行錯誤を進めました。この文章を書いた二〇二〇年四月には、いつ公演が再開されるかまったく分かりませんでした。それでも、世界中の観客が劇場に戻ってくる時、必ずその連帯の輪に加わろうと心に決めたことが思い出されます。

あれから三年以上が経ち、二〇二三年九月に、私はようやくベルリンの歌劇場をふたたび訪れることができました。国立歌劇場の演目はヴェルディの《マクベス》。ロシアによるウクライナ侵攻後、プーチン政権との近さを批判されてヨーロッパの舞台から遠ざかっていた、スター歌手アンナ・ネトレプコの復帰公演でした。その復帰の是非は、ウクライナ大使による反対声明が新聞で大きく取り上げられるなど、大きな論争となっていました。「罪」にさいなまされるマクベス夫人のアリアや、故郷を追われた人々の合唱のぶつかり合いを今思い返しても、社会のなかでの芸術や芸術家、さらにそれを聞く我々すべての態度が問われていたように思います。久しく遠ざかっていたスタンディングオベーションとブーイングに包まれながら、公共空間としての歌劇場という場がいまだにアクチュアルであることを、まざまざと見せつけられた瞬間でした。

Column

信頼関係は国籍を超える！

私はアメリカに5年間駐在し、ビジネスに携わってきました。当時の職場はアメリカ人のほかにロシア、インドなど様々な国籍で構成されており、さらに国外のカナダ、メキシコの仲間とも一緒に色々なプロジェクトを推進しました。私にとって仲間に恵まれ、刺激が多いかけがえのない経験であった一方で、やはりこれだけ多様なメンバーが集まると文化や考え方の違いが大きく、衝突することもありました。では、そうした時はどのように信頼関係を構築して乗り越えればよいのでしょうか？
まずはFace to Faceでしっかり話し合うことです。このために、飛行機や長時間ドライブでアメリカ、メキシコなどの様々な場所に出かけました。SNSやオンライン会議が普及しましたが、やはり実際に会って話すことの価値は不変です。
2点目は相手の言語で自分の想いを伝えることです。残念ながら私の英語はJapanese-English（いわゆるJanglish）であり、拙いものです。しかし大事なのは逃げずにコミュニケーションをとることです。どんなに素晴らしい翻訳機が開発されても、想いを込めて紡ぎだす言葉にはかなわないでしょう。
Face to Faceで想いを込めた言葉によってつくられる信頼関係は、国籍を超えます。

磯村 昌彦

フランス語

フランス次元が加わった座標軸

武井 由紀

はじめに

日本政府観光局によれば、訪日外客数は二〇一三年度に一千万人を超え、二〇一八年度には三千万人を突破しました。二〇二〇年度以降はコロナ禍による大幅減少の影響がありましたが、二〇二三年度には二千五百万人を数え、コロナ禍前の約八割まで回復しています。ここ十年程、私の勤務する名古屋外大でも受け入れ留学生数が増え続け、こちらもコロナの影響は受けたものの、ほぼ日常に戻った二〇二三年度には延べ百八十名ほどの外国人留学生がみなさんと一緒に学んでいます。このような日本社会、そしてみなさんが通う名古屋外大のキャンパスでは外国人と交流する場も多く、国内にいながらも外国人から何かを尋ねられたり、自ら話しかけたりする経験を持つ人もいるでしょうが、異国の地、ことに自分が原地の人種と異なる地域に居住していると、実に幅広い質問を浴びせられます。個人的な体験を語れば、日本人は毎日スシを食べるのか、サムライ（時にはこれがニンジャになるのですが）はまだいるのか尋ねられたり、顔を合わせるや否や、即座に胸の前で両手を合わせ、「コンニチワ」や「アリガト」と言われたりすることが一度や二度ではありませんでした。こうした海外におけるその場限りのやりとり――例えば公共交通機関や様々な対面サービスの利用時――に登場する質問には、いわゆるステレオタイプ的な質問が多いことは確かです。ただ決してそうした質問に限られるわけではありません。

教養と留学の交わり

大学に入学したみなさんの中には、基本的には英語圏、フランス語圏、あるいは中国語圏などへの留学を目指している人が多くいると思いますが、私もフランス語を学ぶその一人でした。ただ実際は訳あって大学時代に長期留学をするには至らず、長期滞在すべく渡仏したのはフランスの大学で日本語講師として働くためでした。仕事をしながら勉強を再開して、結局六年余りフランスに居残りましたので、学生時代に勉強のためだけに滞在する状況とは少し異なりますが、ここではフランスでの当時の経験を語ることで、本学で繰り返しその重要性が説かれている「教養」と、みなさんの多くが挑む「留学」とがどのように交わるものなのかを見出す手掛かりにしていただけたらと思います。

さて、始めに取り上げた外国人から受ける「質問」ですが、日本語を教えるという仕事内容を差し引いても、人と交流する場において私自身が日本人であることが判明すると、やはり日本語についての質問が飛び出してきます。学生を含め、そのような場合は日本の武道や漫画に親しんでいたり、日本文化に関心を抱いたりしている人も多く、道場で目にする漢字をその場で書きながら、それがどんな意味を表すのか、日本にはどうして神様がたくさんいるのか、好きな漫画によく出てくる擬音語・擬態語がどんな意味なのか、どうしてカタカナで書かれているのか、といった類の質問をしてきます。

みなさんにもぜひ、質問の内容や仕方ついて意識してほしいと思いますが、もう少し踏み込んだ質問は、会話が盛り上がって面白いものです。大学で働いていたので、同じ立場の人と交流する機会も多くあったのですが、セム語を専門とする同僚と食事をしていた時、そう言えば……といった様子で尋ねられました。「ヒロヒトの日本語は国民には分からなかったと聞いたことがあるけれど、本当なのかい。」玉音放送のことを指した発言でした。またある時は、私自身も活動に携わっていた日仏交流協会のイベントで、参加していた婦人が熱い口調でこう話しかけてきました。「私、カワバタがとても好きなんだけど、もちろんあなたも彼の作品はよくご存知よね。ぜひ一度日本を訪れて自分の目で日本を見てみたいと思っているのよ。」作家川端康成の自然描写に魅かれての発言でした。

留学をすることは民間大使として海外に行くことだとよく言われることがあります。確かにそれを否定するつもりはありませんし、日本人＝日本国の一員とみなされることがほとんどです。ただ、国や地域を背負う以前に、われわれは一人の人間であって、自分自身の、個人の看板をしっかりと掲げなくてはならないでしょう。ここでは個人的な一例しか取り上げていませんが、どんな質問やコメントに対しても相手が納得するように説明ができること、理由を添えて自分の意見が述べられること、そして欲を言えばユーモアたっぷりに受け答えできることが、留学先で（も）求められる、日本の将来を担うみなさんに課された役割だと思います。そのために必要なことは何か、ということですね。

「記念日」の歴史的位置付け

やや矛盾するようですが、個人が何を主張しようと、海外で虚しさを抱くこともあります。おそらくそれは、国家という枠組みが史実を前にすると、突如として精神的な城塞を原地人と異国人の間に築くことがあるからではないかと思いますが……。フランスでは、現在、国民の祝日の一つに五月八日が定められており、« Armistice de 1945 » と言われ、「第二次大戦戦勝記念日」と訳される祝日があります。同年同日は、アルジェリアのセティフでフランス軍による大虐殺が起こり、時を遡った一四二九年の同日は、ジャンヌダルクがオルレアンの英国軍を破った日ともみなされるため、五月八日はフランスにとって重要な出来事が重なる日付です。例年、七月一四日の革命記念日より地味ではあるものの、フランスでは式典が催されます。私は当時、この日を迎えるたびに、いくら歳月を費やしても、連合国側として勝利したフランスの領土に居住している、一敗戦国民であることを痛感せざるを得ませんでした。

五月八日と言えば、日本ではゴールデンウィークに絡み、連休気分が抜けない、そんな時期ではないでしょうか。ひとたび世界を意識して史実を振り返れば、この日はドイツによる無条件降伏文書への調印が成立したとみなされている日であって、ヨーロッパ戦勝（終戦）記念日として捉えられている日です。ご存知のように、日本国にとっての終戦記念日はちがいますね。ポツダム宣言を受諾した日でも、降伏文書に調印した日でもありません。ある国における国民の休日や記念日というものは、その国の歴史認識を理解するためにも、その土地の文化背景をつかむためにも、とても身近な格好の材料になるわけです。

そうは言っても、面白いことに、そのような祝日や記念日は、制定までに紆余曲折を経ていることがあります。国家的行事となると、やはり政治的な影響を受ける運命にあるのでしょう。ＡＩにはこのような影響を与える能力を兼ね備えてほしくはありませんが、せっかくですから先に挙げたフランスにおける五月八日を例に見てみましょう。

フランスで«Armistice de1945»を祝うために五月八日を祝日に定めたのは一九五三年です。それ以前は、八日が日曜であれば（そうでなければ次の日曜に）祝うという条件で、勝利を記念することが一九四六年に定められてはいたものの、祝日ではなく、年を追うごとに記念日としての重要性が失われつつあったため、レジスタンスにかかわった人々からの要望に応える形で祝日に定めた、という経緯がありました。その後、ド・ゴール政権下の一九五九年、五月八日を祝日とするのではなく、五月の第二日曜に戦勝を祝う決定が下されました。しかしながら、八日を重視し、この日を法定有給休暇日にすることを主張していた退役軍人などの反発を受け、戦勝二十年を迎えた一九六五年、例外的かつ一時的に五月八日を祝日に戻し、一九六八年の法令で五月八日の祭典を復活させました（ただし有給休暇日ではありませんでした）。しかしこの後、事態はさらに思わぬ方向へ進展します。

一九七五年、ジスカール・デスタン大統領は、西ドイツのシュミット首相と公私ともに親しかったのですが、欧州の将来を考慮し、ドイツとの和解の意を表す意味で、なんと五月八日の祭典を取り止めてしまったのです。この二人のタッグがその後の欧州に大きな影響を与えたことは確かですが、これまでの経緯を踏まえると思わず失笑してしまいますし、もちろんこの決定に対しても退役軍人からは抗議の声が上がりました。続くミッテラン大統領の代になると、事態は再び百八十度変わり、大統領選での明言通り、一九八一年、五月八日の祭典と祝日を共に復活させることを決め、それが今日まで引き継がれています。このように見てみると、ひと口に祝日と言っても、祝日によっては外交カードにもなり得るほど、その象徴的意義の規模が計り知れないものに感じませんか。

別次元の基準軸を見つけよう

ここまで経験談を交えながら書いてきましたが、留学の有無にかかわらず、積極的に世界とかかわろうとするみなさんに宛てたメッセージとして、日常に溢れる身近な出来事から教養との結び付きを見出していただきたいと、また、そうした中にこそ教養を生かしていただきたいと願っています。それによって、みなさん自身の世界を無限に広げていただきたいと思うのです。留学という異国の地における経験は、そこに、別次元の基準軸を見出すきっかけを与えてくれるはずです。唯一無二の経験を通じて、生きるための座標軸を定め、見直し、強固なものに変えていっていただきたいと願っています。

イタリア語

視点を変えると見えてくるもの、イタリアへ留学する君達へ

桑原　恒和

はじめに
完璧主義は敗北主義、不完全である事が人間として完全である

完璧などあり得ない、人間は必ず間違いをするもので、完璧なのは神様だけ。それは教室の壁にも十字架があり、キリスト教最大の教会都市ヴァティカンを抱くイタリアの常識です。

日本はどうでしょう。一九八六年から九一年にかけてのバブルの時代、とうとう経済的にアメリカを超えるかも知れないと鼻息が荒かった時、日本の国旗、日の丸のあの赤い真円は完璧さを表す象徴とも言われたものでした。ふだんから我々日本人にとって、完璧さは空気のように当たり前です。そのため、私たちは国内を見渡しても、衛生面やサービスなどに関してある程度の信頼を持っていられますし、対外的にはその完璧さは、我々が生み出す製品などのクオリティの高さとして誇らしい一面もありました。しかしその完璧さが、今度は我々自身に振り向けられるとしたらどうでしょう。人口密度が高く、四方を海に囲まれた密閉性の高いこの島国の中では、生まれたとたん、完璧である事からスタートし、減点されないようそれを維持し続けなければなりません。その点、イタリア人にとっての人間の定義は、最初から不完全。だから完全な神様に近づくように、際限なく努力していく加点式であり、ゼロからスタートした人間がこんな素晴らしい事をした、凄いなと、そのつど得点をアップするわけです。ストレスが無いですよね。

イタリアの個人主義

それは、人が他人と同じであって良いわけがない、という考え方です。例えばイタリアの音楽シーンを見渡しても、毎回凄いなと私をうならせる事があります。アイドルグループがいないのです。代わって、そのほ

とんどがシンガーソングライター、つまり歌手であり、作曲家であり、作詞家である、そんなアーティスト達が生み出す独自の詩の世界を、若者達は理解し、共感し、支持しているという点です。

例えばそんな所へ日本のアイドルグループを登場させてみる事を想像し、イタリア人には何が気に入らないだろうかなと考えてみました。するとまず、大人数である事から薄められる各自の個性や存在感、歌唱力は無くても、ルックス重視の表面性、やはり他人の作った、本人とは結びつかない借り物の歌詞、そして同じようなメイクや衣装、立ち居ふるまいなどの規格化や統一感、均一感が非人間的、没個性的と映り、嫌だろうなと思いました。

身の丈で生きられる国

神の前では、王様も庶民も平等です。しかし、各個人の持って生まれた資質については、皆さんもご存じの通り、平等ではありません。特にイタリアは、中世の暗闇の中、唯一光を見た男と言われるダ・ヴィンチをはじめ、ミケランジェロ、ラファエッロ、ガリレオ・ガリレイ、ダンテ、マキャベッリ、そしてヴィヴァルディ、プッチーニ、ヴェルディ、現代ではフェッリーニ、ヴィスコンティ、エットーレ・ソッサス、ジウジッアーロ、レンツォ・ピアーノ、アルマーニなど、それぞれの分野で、人類の文化史上に残る数えきれないほどの天才達を輩出し続けてきた国です。そのため、人の存在じたいは平等であるという発想そのものが無く、人を平等に扱うなどという事も、法治国家において守られるべき人権の範囲を除けば、各自の独自性を無視する、人を物として扱うような、ありがたくもない行為となってしまいます。

我が国での教育現場を例にすると、どんな学生にも平等に接し、平等に分配する事を肝に銘じて教育にあたりますが、本来学生は、持って生まれた個性と同じくそれぞれが別物であり、もっと個別な対応が必要なはずです。しかし、おしなべて平等に扱うという義務感（あるいは管理）から、図らずも先述の忌むべき均一性や規格化を、学生たちに強いているのかも知れません。イタリアでは、律儀に全員に平等に接するなんて絵空事だとはなから諦め、また個人の側もそんな平等のための平等なんて期待もせず、私には私という存在と居場所、そして天才には天才の居場所がちゃんとあり、あたかも教会内で見られる宗教画の登場人物それぞれの役割があるように、神によって選ばれし者から、そうでない者、それほどでもない者みたいな人物まで、在ってしかるべき存在としてお互いを認め合っているかのような社会に思えてきます。つまり、均一など無いのです。そこで、イタリアへ行く若者たちに言いたいのは、現地では決して、日本で均等に配られる平等を期待するな、という事です。それは、良い意味での差別、個別化の表れ、君だけへのメッセージとして、そのつど受けとめるべきものなのかも知れません。

プラス、イタリア人は美しいものが好きです。その事からも、自分自身の質と独自性を磨き、内側からも外側からも魅力ある人物へとならなければなりません。

ヒューマン・ディメンション

七年間の留学から帰国する時、私が完全に日本人に戻ってしまう前に、まだ外国人のような目で私の国を客観的に見きわめようと思いました。すると、日本はなんて大げさでヒステリックな国だろうか、というのが私の印象でした。過剰なサービスやマニュアルなど、非人間的なまでに人を煽り立てる国と映ったのです。

そして私は留学によって、進歩と言うものは、神の存在と人間のそれをつねに意識する西洋にとっては、人間がより人間らしく暮らせるようになる事なんだなと確信しました。対して我が国においては、技術で人の未来を豊かにするなどの表題のもと、やはり技術面での進化、もしくは便利の追求ばかりであり、いつになっても根本である人としての在り方自身についての概念や意識が、未熟のままであるように思えます。

なぜでしょう。それは芸術作品を観ても、すぐに分からないとコメントし、良いのか悪いのか程度の意見すらも言えずに固まるような、苦手な分野（哲学）だからでしょうか。確かに、古代の時代から比べると、人間の一生はぐんと伸びました。しかし、世界中どこでも人の一生には限りがあり、この限定された時間を、人としてどのように過ごすべきかについての議論や考察が、しっかりとなされてきたはずです。そこで、イタリアへ行く若者たちには是非、地中海哲学をベースとして歴史と共に考えられてきた、人として存在できる環境じたいについても学んで来てほしいのです。

イタリアにおける市民の意味

彫刻を勉強してきたため、私はイタリア語の授業でも、触れる粘土のように解説する事を目指してきました。そして同時に、イタリアの良い所を学生や受講生の方々に紹介するように努めてきましたが、ある日とうとう、彼らに伝えるべき、一番面白かった事を思い出しました。

それは、イタリアにいると、周りの若者たちも含めていつも政治について話している事でした。それには外国人の留学生である私まで巻き込まれ、私もこの都市やこの国の進路に関わっているかのごとき一体感を、絶えず味わっていたという事でした。つまり、それはイタリア人が、単なるピープルではなく、シチズンでもあったという事です。

一八六一年（明治維新の七年前）の統一まで、イタリアは、フランスやスペインが大きな一つの国であったのに対し、それぞれの都市が独立した自治を持つ都市国家の集まりだった点も重要です。シチズン／市民とは、その都市や国の政治に参加し、決定する意識を持った住人たちである事を指します。イタリアでは第二次世界大戦からの撤退の日を、敗戦記念日とも終戦記念日とも言いません、解放記念日と言います。それは、イタリア人のファシストに対して、同じイタリア人であるパルチザンが抵抗し、彼らによって、やはり同じイタリア人である独裁者ムッソリーニを権力の座から引きずり降ろし、逆さ吊りにしたばかりか、枢軸国の同盟から離脱し、その二年後には国民投票を行い、これまでのように王国であるべきか共和制国家になるべきかを、自分たちの力で決めてきたからです。和を尊ぶ我が国から見ると、同じ国民同士が銃を撃ち合い、体制を変えていくなど、想像もつかないでしょう。

今でも陽気なイタリアン、女性を追いかけるお気楽なイタリアンのイメージばかりが期待され、流布される日本では、この大戦中の勇気あるイタリアの市民、パルチザンの活躍について紹介されるのは、いったいいつの日かなと思ってしまいます。

最後に皆さんが留学中、日本人だからこうあるべきと言うような事に、余りにも囚われ過ぎないよう、私は以下の様に思っていました。

文化はアクセサリー、国籍とは生まれて登録した場所のただのナンバープレート、そして、私である事こそが唯一の存在であると。

謙虚に、真摯に生きてほしい

この文を書いた後、コロナ禍があり、オンライン授業もあり、世の中はすっかり変わってしまいました。今では他人の留学話を聞かされるという事を、マウントを取られたと思い、「イタリア人は美しいものが好き」と言うとルッキズムと映るのかも知れません。しかし八〇年代、私たち日大芸術学部彫刻科の学生たちは、授業中、恩師である故土谷武先生の六〇年代フランスの美大での留学話を聴くのが大好きでした。個性的で手作りの様な車、パナールが来ると、フランスの美大生が興奮して、こぞってその車の内外を眺め回した事や、実存主義を唱えた哲学者ジャン・ポール・サルトルが、キャフェで口の周りを文字通り、舌なめずりしている姿を見て気持ち悪かった話、当時の人気の前衛アーティスト、イブ・クラインがイメージ通り女性に囲まれてパリを闊歩している姿など、先生の話からそれらを楽しく想像していました。そこには知らないものばかりの中、一生懸命に背伸びをする様な好奇心と健全な上昇志向がありました。或る日、私が日芸の地下のアトリエへ降りて行くと、作業衣姿の土谷先生が制作の手を止め、学生の私に「桑原、今日は何の日か分かるか？」と尋ねられましたが、私は全く思い当たらなかったので「分かりません」と答えました。すると、先生は「今日は、東京大空襲があった日だ」と言われました。それから私は、まだPCやスマホも無い時代なので、本で東京大空襲についてを意識して調べる様に成りました。それは大戦中、アメリカ軍が日本人の戦意喪失を目的として、東京を逃げ場が無い様ドーナツ状に爆撃し、炎の竜巻によって大量の一般市民を虐殺した日であった事を知りました。又、先述の丸っこく、愛嬌のあるボディ・デザインで、ドアの内張りがヒョウ柄の車、パナールについてもそうです。様々な、学ぶべき多くの事例を先生は、学生に提示され続けました。どうして今ではそれをマウントと呼ぶのでしょう。大事な事を、どうでもよい人には言わないものです。君達は、そんなゆがんだ風潮に惑わされる事なく、「謙虚に」「真摯に」自分自身を発展させ続けて下さい。

Column

ハワイ人のHomeland(故郷)はどこなのか

私が言語学を学ぶ中で一番衝撃的だったのは、ハワイ人の祖先が大昔にどこからやって来たかということです。驚くことに、彼らの祖先は台湾からやって来ました。私がこの話を初めて聞いた時には、このことを全く信じられませんでした。

しかし、類縁関係のある言語同士の祖語を構築する「reconstruction（再構）」という方法を使うと、現在の台湾の山岳部を中心に住んでいる約22言語部族のアボリジニーの言語とハワイ語は、同じオーストロネシア語族であることが証明できます。また、このことは言語学だけでなく、遺伝学と考古学でも証明されています。

オーストロネシア語族は太平洋を中心に存在する言語部族で、1256の言語で構成されており、西はマダガスカル島、東はイースター島まで広く拡散しています(Ethnologue 2024)。実際に台湾のアボリジニーの人々はハワイ人の人々のように、肌が黒くて少し丸い鼻をしています。また、ハワイ人がするように、レイのようなもので身体を飾り、豚のお腹に果物や木の実を詰めて豚を丸焼する食文化があるそうです。

約5千年前、台湾に住んでいた人々が船に食糧を一杯に積み他の島への移住を始めました。彼らは卓越した航海技術を持ち、太陽や星、雲や風を頼りに他の島を目指したそうです。台湾のアボリジニーの人々の祖先が何千年もかけて太平洋を移動していった姿を想像する時、未知の世界に挑んだ彼らの命懸けの冒険に心が躍ります。

高橋 直子

スペイン語

世界が広がる言語として

松本 純子

はじめに

国連の公用語である、話者数や公用語にしている国や地域が多い、観光に行ったとき現地の人と会話したい、スペイン語圏の友達を作りたい……。学生にスペイン語学習の動機を訊くと返ってくる答えである。もっともらしい理由ではある。だが、英語とは違う系統の言語で単語を覚えるだけでも大変な上に、動詞の活用が大変煩雑《はんざつ》であり、一般名詞にも性があり、形容詞の語尾が修飾する名詞の性数に一致。このような一筋縄ではいかない言語をマスターしようとする動機としては、かなり弱い気がする（発音だけは、日本人にとってはしやすい言語であるが）。スペイン語話者は約五億。そのうちの約四億人がネイティブである。世界の他の言語と比べても、学習者の大変多い言語でもある。特にアメリカ合衆国を念頭において、今後さらに話者数が増えるとの予測もある。

今なぜスペイン語を学ぶのか

ヨーロッパやアメリカ合衆国にでも住んでいれば、スペイン語話者と接したり、スペイン語圏に旅行したりしてスペイン語を使う機会も多いだろう。しかし、日本にいて実際にスペイン語を話す機会などそうあるものではない。三十年ほど前スペインを旅行した際、まずまずのホテルに泊まったときでも、英語を話せる従業員数は極めて少なく、スペイン語ができないとかなり不自由するという印象があった。

しかし、今スペインでは、ヨーロッパの複言語主義や、長く続いた不況で若者が外国に職を求めて出て行った時期に高まった外国語学習熱の影響もあって、若い世代はかなり英語を話せるようになっている。そして、都市部や観光地では英語を話せる人がかなりいて、スペイン語ができなくても何とかなることが多い。それに、スマートフォンの翻訳アプリに話してもらうことさえ可能な上に、最近は翻訳機能の向上も著しい。マドリードの公立小学校では、一年生の理科の授業が英語で行われているという話も聞いたことがある。今後、ますます英語のできるスペイン人が増えていくだろう。では、そういう時代になぜスペイン語を学ぶのだろうか？

スペイン語圏には、日本人にも人気のサグラダ・ファミリア（スペイン）やマチュピチュ（ペルー）など、観光地がたくさんある。訪れてみたい、その際、少しスペイン語で会話してみたいと思う気持ちはわかる。国連の公用語でもあるし、話者数も多いから、習得すれば役に立つかもしれないというのも確かであるが、相当できるようにならなければ、仕事レベルで使うのはむずかしい。そこで、スペイン語そのものや、スペイン語を学ぶということについて、もう少し考えてみたい。

二〇一八年は、日本スペイン外交関係樹立百五十周年である。日本スペイン修好通商航海条約が締結されたのは、一八六八年十一月十二日のこと。これを記念して、平成中村座歌舞伎公演が六月二十七日から七月一日までマドリードで行われた。日本では『プラド美術館展　ベラスケスと絵画の栄光』が開催された。これ以外にも、様々な行事が両国で行われている。

日本とスペインの関係の始まりは、そこから更に二百五十年ほどさかのぼる。一六一三年に伊達政宗が派遣した慶長遣欧《けんおう》使節は、太平洋を渡り、ヌエバ・エスパーニャ副王領（現在のメキシコ）へ。そしてメキシコから大西洋を渡り、スペインへ。使節が滞在したコリア・デル・リオ（セビーリャの約十五キロ南）には、ハポン姓の人々が今も暮らしている。ハポンとはスペイン語で日本を意味し、彼らは、慶長遣欧使節の末裔だと言われている。日本とスペイン語圏との関わりは一般の人が感じている以上に深いのである。だが日本国内で、このような歴史的なくぎりの年だということを知っている人はあまりいないだろう。スペインに関する情報に触れる機会は、日本で普通に生活しているとほとんどないように思う。スペイン語を学ぶことでスペインに興味を持ち、スペイン語で情報を得るようになると、世界がぐっと広がってくる。

スペイン語が分かる・読めるようになるということは、日本語や英語で入ってくるニュースとは違う情報源を持つということにつながる。異なった角度や立場からの見方・捉え方・考え方に触れることができるのである。しかも、スペイン語を公用語としている国や地域は二十を超えており、スペインだけでなく、ラテンアメリカの情報に触れることもできるのである。スペイン語はインターネットで使われる言語の中で、英語、中国語に次いで第三位である。

「話す」から「読む」へ！

外国語学習というと、まず「話す」ということが頭に浮かぶ。だが、特に今の時代、外国語と触れる機会は、インターネットの中にいくらでも転がっていて、文字によるものも多い。「読む」ことに、もう少し目を向けてもよいと思う。

スペイン語圏のノーベル文学賞受賞者は十一人いる。セルバンテスのドン・キホーテは聖書の次に多く出版されている本だと言われている。他にも色々な作家がおり、日本語に翻訳されている作品もかなりある。ガルシア＝マルケス（コロンビアのノーベル文学賞受賞者）の『百年の孤独』、マリオ・バルガス＝リョサ（ペルーのノーベル文学賞受賞者）の『都会と犬ども』、スペインのバルセロナ出身のカルロス・ルイス・サフォンの『風の影』、チリのイサベル・アジェンデの『精霊たちの家』など、枚挙にいとまがない。だが、一部でもいいから、作家の頭の中で響いていた音やリズムで作品を味わうことは格別である。作品の世界観や話の内容は、よい翻訳であれば、味わうことができるだろう。だが、原語の音やリズムとなるとそうはいかない。原文を読めるのは外国語を習得したからこそ味わえる楽しみのひとつである。スペイン語は英語と違って、読み方の規則が決まっていて、全く知らない単語でも、綴りを見て規則通りに読めば正しく読むことができる。翻訳片手に意味を確認しながら、音だけは原語で簡単に楽しんでみるということも可能なのである。

話者が多い、使われている国や地域が多い、インターネット上でも広く使われている。スペイン語を介して、何をしよう、何ができるだろう、そんなことを考えながら、スペイン語の世界に足を踏み入れてみてはどうだろうか？

Column

スペインで料理を注文する方法

国際研究集会でスペイン・バルセロナに行った時の話になります。2、30名程度の研究発表会で、午前の部が終わった後、ランチのためレストランに行きました。メニューを見ると片面がスペイン語で書かれていましたので、英語表記を期待して裏を見たところ、カタルーニャ語(現地語)だったため、まったく読むことができませんでした。諦めて幹事役の方に“I'll have the same.”と伝えた結果、とても大きなステーキが届きました。

それはまだ良かったのですが、周りの先生方（スペインやフランスの方が中心でした）の様子を見ると、当然のようにワインを注文されていて、「こういうものなのか……」と衝撃を受けました。私は午後の部での報告を控えていたので、さすがにアルコールは遠慮したいところだったのですが、結局、真っ赤な顔で発表することになりました。

原　慎之介

ポルトガル語

異文化を受け入れる言語

重松 由美

はじめに

「ブラジル」と聞いて思い浮かべるイメージは何ですか? サッカー? サンバ? ボッサ・ノヴァ? カポエイラ? シュラスコ? 私にとってブラジル人の魅力とは、他人を受け入れようとする開かれた心です。

融合文化としてのブラジル

私は、大学院生の時に一年間、ブラジルの首都にあるブラジリア大学に留学しました。決して社交的といえない私が、毎週末友人たちに誘われ出かけていました。ブラジル人は親しくなると、まず自宅に招きます。私も、友人宅のシュラスコパーティー、友人のいとこの結婚式、友人の友人の娘の誕生日会、ついには友人の会社の忘年会にまで招かれました。手土産は缶ビール一ダースで、ブラジリアン水着のようなセクシーなワンピースを装い向かいます(一度、日本で買ったワンピースを着て行ったら残念な顔をされたので、これが私にとってのブラジル流の礼儀です)。

ブラジル国内を旅行する際にもホテルは予約しません。友人の友人の友人宅を泊まり歩きます。いつもは家族の誰かが使っているベッドに寝かせてもらい、朝は近所のパン屋で買ってきた焼き立てのフランスパンとコーヒー(ブラジルでは「カフェジーニョ」といいます)をいただき、出かけます。私が行きたい場所や会いたい人についてのアドバイスを求めると、知り合いたちに連絡を取って、段取りをつけてくれることもあります。旅先ではお世話になった家族たちと、週末には彼らの親戚の集まりに一緒に参加! です。

そういえば、私がある大学に資料を探しに行った際に、面識のない教授にノーアポイントで面談を求めたところ、その教授は快く受け入れてくださり、さらに留学生対象のポルトガル語の授業に私を飛び入り参加させてくださいました（私の研究テーマが、第二言語習得であったことから）。ブラジルは、人を通じて世界をどんどん広げていきやすい国です。

ブラジル人の異文化を許容する国民性を、ブラジルの成り立ちを振り返ることで、少し考えてみました。みなさんもご存じのとおり、ブラジルは移民大国です。ブラジルは一五〇〇年にポルトガル人カブラルにより「発見」され、ポルトガル人によって植民地化されました。植民地時代には先住民たちは白人により重労働を課せられ、虐殺され、そして疫病などによって激減しました。その後、プランテーションでのサトウキビ生産や黄金採掘のための労働力として、アフリカから奴隷として多くの黒人たちが強制的に連れてこられ、酷使されました。

一八八八年に奴隷貿易は廃止されましたが、その頃コーヒーの栽培が盛んとなっており、奴隷に代わる新たな労働力確保のために移民政策が打ち出され、ヨーロッパからはイタリア人、ポルトガル人、スペイン人、ドイツ人などが、中東からはアラブ人などが、そしてアジアからは日本人が移民としてやってきました。

つまり、ブラジル文化は、先住民、支配者としてのポルトガル人、アフリカから連れてこられた黒人奴隷、そしてヨーロッパやアジアからの移民たち、彼らの習慣、しきたり、価値観が融合して出来上がっているといえます。ブラジル人は生まれた時から、周りには肌の色が異なる人たちがおり、文化の異なるコミュニティーとの交流があり、そこから生じる諍《いさか》いを回避するために、他者との「違い」を理解しよう、まずは受け入れてみようという姿勢を持つに至ったのではないかと思います。

これらの多様な人種のコミュニティーは、ポルトガル語という共通のツールを通じて共存しています。ブラジルのポルトガル語は、ポルトガル人によって持ち込まれたころから少しずつ形を変えてきました。ポルトガルのポルトガル語とは、単語の違いはもちろん、動詞の活用形に二人称を使わないことや、目的格人称代名詞の使い方も異なります。そして、移民コミュニティーでは、出生地の言語とポルトガル語が「融合」し、新たな言語使用が生まれています（言語接触による言語のピジン化はブラジルに限ったことではありません）。

NOMBEIとは？

例えば、日系人コミュニティーでは、日本語とポルトガル語を入り混ぜた話し方を「コロニア語」（colônia とはポルトガル語で「移民」を意味します）と呼び、日系人としてのアイデンティティを表明する手段として使われています。

Seu pai é NOMBEI, pé inchado.
（pé inchado「呑兵衛《のんべえ》」の意味）
「君のお父さんは呑兵衛だ。」
"Your father is NOMBEI, drinker."

興味深いことに、日本に住むブラジル人たちにも同様の現象が見られます。

Seu pai é PATINQUEIRO, né?
「君のお父さんは、パチンコ好きですね！」
"Your father is PATINQUEIRO, isn't he?"
（patinqueiro ← patinco「パチンコ」
＋ eiro「「〜するひと」を意味する接尾辞」）

最初に挙げた「サンバ」、「ボッサ・ノヴァ」、「カポエイラ」も、先住民とアフリカとヨーロッパの文化が混ざり合って出来上がったダンス、音楽、スポーツです。やはりブラジル人は、異文化を受け入れ、しかし自らの世界観を手放すことはせずに、最良の形に融合させることに長けているようです。そんな文化に触れてみたくなってきましたか？

では、まずは身近なブラジル人にポルトガル語で"Tudo bem?"「元気？」と話しかけてみましょう。すぐに、"Tudo bem!"「元気だよ！」と人懐こい笑顔で挨拶を返してくれますよ。

Column

「やらないよりやろう」背中をおしてくれたのはバイク？

「びーん、とんとんとんとん」郵便屋さんが「スーパーカブ」で配達をしている。「スーパーカブ」は郵便屋さんをはじめ多くの業界で親しまれるお仕事バイクです。ホンダのサイトを見ると、世界販売台数が１億台をこえて、2017年にギネス記録に輝いています。ここで紹介したいのはバイクではなく、もう一つの「スーパーカブ」です。2021年に放映されたアニメで、ホンダが全面的に製作協力しました。「両親もいない、お金もない、友達もいない、趣味も将来の目標もない」高校２年生の主人公の語りからはじまります。天涯孤独で平凡な主人公は、スーパーカブに出会ってから生活が少しずつ変わり、自分から世界を広げていきます。

大学２年生のときに、バイクの中型免許を取って自分のバイクを手に入れました。それまで旅行さえ「遠い、時間もお金もかかる」と、なんだかんだ行動しない言い訳ばかりの日々を暮らしていました。バイクのおかげで状況が一変しました。長距離の旅行計画を立てるのが好きになり、青森にも行くことができました。行く先々でいろんな出会いもあり、訪日観光客のなかにも意外とバイク好きが多いことにも気づかされました。「バイクが行けるところは、全部自分が行けるところ」と気づいたとき、世界がぎゅっと縮まったような感覚があったのと同時に、「やらないよりもやろう」と背中を推してくれるような感覚も覚えました。

バイクとの出会いと同じころ、大学生活でひとつの岐路に立たされていました。３年次に進むとき、このまま英米学の領域を継続するのか、それ以外を選択するか。当時、英米学科でオリバー・ツイストやマーク・トゥウェインなどの文学作品を中心に学んでいました。映像作品になっているもの多く、先生たちが授業で紹介してくれるなど、作品は面白いと感じていたし、授業自体も嫌いではありませんでした。結局選択したのは学科を超えた国際関係コース。同じ学科で同様のコースを選択した人はほとんどおらず。そこで出会った国際法を教授してくださったのはフランス語学科の先生でした。それでも「やらないよりやろう」という判断はバイクのおかげ？　ただ言えるのは、そのときの選択はいまにつながっているということです。

宮川 公平

中国語

中国における『紅楼夢《こうろうむ》』の出現
――中国と「小説」との出会い――

船越 達志

はじめに 「小説」という言葉

現在われわれは日常的に「小説」という言葉を用いるが、なぜ「小」という文字を使い、「小説」と言うのであろうか。

「長篇小説」という言葉があるように、ここで言う「小」は紙幅の短さを示しているわけではない。「小」は価値観を示しているのである。

「小説」という語は中国から伝わったものだが、古く戦国時代の『荘子』には「取るに足らない言説」という意味で、「小説」の二文字が使われている。「小」は「大」に対する概念であり、「取るに足らない、つまらない」という意を持つ。中国古典における「小説」とは、「取るに足らない」と、軽んじられた文学ジャンルであった。

文学ジャンルとして地位を得るようになるのは二十世紀以降、西洋の価値観が入ってからのことである（私達日本人が現在使う「小説」も西洋のNovelの意味である。これは、明治期にNovelの語を翻訳するさいに、この二文字を用いたことによる）。

したがって、中国古典では、「小説」は文人が積極的に参与するジャンルではなく、その発展も遅かった。小説を書いても名声が得られるわけではないし、それどころか批判の対象にもなりかねないのだ。しかし、二十世紀に西洋の価値観が入る以前、清代中期、奇跡的に優れた小説が中国に出現した。それがここで紹介する『紅楼夢』である。

『紅楼夢』の出現

『紅楼夢』は清代乾隆《けんりゅう》年間、十八世紀中頃に書かれた作品である。作者は曹雪芹《そうせっきん》という。生前に出版されることはなく、作者の死後三十年ほどたってから、後人の手によって出版された（初版は一七九一年）。

作者が生まれ育った曹家は、南京の「江寧織造」という職を代々勤める名家で、郡王[注1]（平郡王）とも姻戚関係を持つほどの家柄であった。とくに祖父の曹寅《そういん》は康熙帝《こうきてい》の寵臣であった。

しかし康熙帝から雍正帝《ようせいてい》の世に変わると、曹家は新帝に疎まれ、ささいな事から罪に問われて没落した。作者が成人する前の事であった。曹雪芹は晩年、北京で貧しい日々を送りながら、『紅楼夢』を執筆したらしい。

作者自ら「夢」と名づけたこの『紅楼夢』には、大貴族である賈家《かけ》の栄華と没落が描かれるが、そこには作者自身の体験が反映している。美しい舞台を背景にゆるやかに流れる時間は、上流階級の日常そのものであり、それだけでも読者を陶酔させる。

しかしこの作品の魅力はそれだけではない。様々な年齢、階層に及ぶ人物のそれぞれの内面、苦悩がきめ細かに描かれており、これが読者の共感を呼ぶのである。とくに女性の心理描写は、中国文学史上、高く評価されている。

印象深いのは、主人公の賈宝玉《かほうぎょく》と女主人公林黛玉《りんたいぎょく》の恋愛（悲恋）である。それまでの中国小説史では、女性は男性主人公の「対象」でしかなく、その内面に深く入り込むことはなかった。例えば唐の時代に「鶯《おう》鶯伝《おうでん》」（元稹《げんじん》作）という小説があるが、ヒロイン鶯鶯のとる行動の数々は、読者にとって不可解なままである。

しかし『紅楼夢』は林黛玉の心中に深く入り込む。黛玉はたびたび、意中の宝玉と「いさかい」を起こし、憎まれ口を叩き、かげで涙を流すのだが、なぜ意中の男性とわざわざ「いさかい」を起こし、そのあげくに傷ついて涙を流さねばならないのか？　その辺の心理描写がきめ細かく描かれる。

また、黛玉のライバル的な存在に、薛宝釵《せつほうさ》という才色兼備の女性が存在するが、彼女も、自ら気づかぬ心の奥底に、宝玉への恋愛感情を抱いている。こういった恋愛感情を巡る心理の葛藤は、万人に通じるものである。

こうして読者は、しばしば登場人物に感情移入することになる。そして、心を揺さぶられるのである。

『紅楼夢』の流行――小説と出会う――

乾隆五十六（一七九一）年に『紅楼夢』が出版されると、たちまち多くの読者を獲得した。とくに注目すべきは、熱狂的な女性読者の出現である。黛玉の悲恋に感情移入しすぎて、作品世界と現実世界の区別がつかなくなり、病気になった女性の記録も複数残されている。

士大夫（男性読者）も本来の学問（經學）[注2]をそっちのけにして、『紅楼夢』談義にふけった。彼らは、ふざけてそれを「紅學」と称した（經學と紅學、文字の相似からの戯れ）。

嘉慶年間（『紅楼夢』刊行の直後）には、都の士大夫の家はどの家に行っても、必ず机の上に『紅楼夢』が置いてあった、というまでに流行する。「取るに足らない」と軽んじられてきた「小説」が、これほど流行するのは異例のことであった。当時の読者は、士大夫も女性もみな、『紅楼夢』に感動し、熱中したのである。『紅楼夢』の流行は一種の社会現象であったのだ。

長らく、「取るに足らない」と軽んじられてきた、この「小説」というジャンルにおいて、中国人読者が、初めて小説（感動的な小説）と「出会った」瞬間であった。

壮大な文学、文化の世界が広がる

優れた小説は、時間や国境を超えて読み継がれていく。『紅楼夢』誕生から二百五十年以上が経過した現在も、原作、テレビドラマ、劇（京劇や越劇）[注3]、翻訳などを通じて、中国のみならず世界中の人々がこの小説と「出会い」、そして熱狂的なファンになっている（ちなみに『紅楼夢』の熱狂的なファンを「紅迷」と言う。専門の呼称が生まれるほど、この小説は愛読され続けている）。

さて、私がこの小説と「出会った」のは、ちょうど現在の皆さんと同じ時期、大学一年生の時であった。作品に没頭した日々は至福の時間であった。そしてその原文を味わう楽しみを知ったのは、大学四年生の時である。中国語を学び始めて三年ほどたったころのことであった。

中国語はけっして易しい言語ではない。しかしその言語の背後には、壮大な文学や文化の世界が広がっている。中国語を始める皆さんは、これからの学生時代に、どんな文学や文化と「出会う」のであろうか。

注1　清代では、「郡王」は「親王」に次ぐ爵位。

注2　「經學」は、儒家の経典に関する学問を指す。ここではあえて繁体字（旧字体）で記した。

注3　浙江省発祥で、上海で人気を博した地方劇。女優のみで演じられる。

日本語

ことば、世界、わたし

R・シャルジアン・モリソン

人間の精神生活の表出はすべて、
一種の言語と捉えることができる

——ヴァルター・ベンヤミン
「言語一般および人間言語について」（一九一六）

はじめに

大学最終学年のとき、わたしは二人の日本人女子学生とシェアハウスに住んでいた。よく、日本語はまったくわからないのに二人が喋っているのを何時間もうっとり聞き惚れていた。きっと気持ち悪がられていただろう。わたしが魅了されていたとき、その根本にあったのは、次の素朴な疑問だった。≪二人のことばは——もっと正確に言うと、二人のシニフィアンである「ことば」の指示対象《レファラン》は——どれほどわたし自身のことばの指示対象と対応するのだろうか？≫例えば、hometown を表す日本語——これは「故郷」だと今はわかる——を二人が口にするとき、そのことば（あるいは、その指示対象）は、わたしが hometown と言うときに意味するものと正確に一致するのだろうか？　言い換えれば、それぞれの言語において口にされるひとつひとつのことばを超えて、なにか普遍的な概念があるのだろうか？　文法についてはどうだろう？　日本語の文法は、英語の文法と同じように、世界（外の世界も内面の世界も）を秩序立てているのだろうか？　高校で勉強していたスペイン語の語彙は、対応する英語のラテン語系の語彙と多くの場合まったく同じであると知っていたし、スペイン語と英語の文法には多くの共通点があるのもわかっていた。一方で日本語はどうなのだろう？　明治以前、ほとんどヨーロッパの言語と接触していなかった日本語は？　こうした疑問に駆り立てられたわたしは教科書を数冊購入し、語彙・文法（古文も現代文も）・漢字を本格的に勉強しはじめた。

見つかった答

　大学卒業後、埼玉の年配の女性のところで十カ月間下宿した。周囲の人々との交流と独学とを組み合わせて、話し・聞き・読み・書くことができるようになった。そして、冒頭の疑問への答えを見つけたのだ。一般的に、現代日本語には三種類の語がある。（一）現代的な観念語──「社会」(society)、「国家」(the state)、「科学」(science)、「可能性」(potentiality) といった、明治初期にドイツ語や英語の訳語として作られた語であり、原語とほぼ対応する。（二）やまとことば──「あお」（ふつうは blue と訳されるが実際は green に近い）のように、対応する英単語と必ずしも一致しない。（三）きわめて主観的で日本文化特有の語──英語に直接対応する語がないため近似的にしか伝えられぬ、あるいは補足説明が必要となる。この第三のタイプ──明らかに最も翻訳しづらい──は、よく言われる「情の文化」(culture of sentiment) を反映している。これは何世紀にもわたって宮廷や貴族のあいだで形成されたものだ。「木漏れ日」(sunlight filtering through trees)、「幽玄」(profound depth and mystery)、「木枯らし」(cold late-autumn winds)、「憂世／浮世」(sad world/floating world)、「花曇り」(cloudy skies over cherry blossoms in full bloom)、「風花」("wind flowers," light snowfall in early winter)、「うたかた」(quickly disappearing foam that forms on water)、「草枕」(grass pillow)、「時めき」(throbbing sparks of joy, often erotic) ──こういった詩的語彙は、明示的意味だけではなく、豊かで奥深いニュアンスを持つ。この第三のカテゴリーこそ、高名な古典文学者、中西進が『美しい日本語の風景』（二〇〇八）と『ことばのこころ』（二〇一六）のなかで掘り下げているものだ。最近わたしは、これら二冊を *The Japanese Linguistic Landscape: Reflections on Quintessential Words* (Japan Library, 2019) というタイトルで英語に翻訳した。

神聖な業──翻訳

　そういうわけで、最初の疑問に答えを見つけたあと、次なる興味を追い求める準備ができた。文芸翻訳だ。文法・語彙・書記法・感受性など、日本語と英語のあいだには深い溝があるとはいえ、起点テクストの明示的・暗示的意味を外国語（いわゆる「目標言語」）へと翻訳する不可思議で神聖な業は可能であるばかりか、正確に繊細に優雅に成し遂げることができるはずだ。

Column

駐在経験から見た中国を捉える視点

中国は国土面積が日本の約26倍、人口が11倍超という大国であり、しかも極めて多様性に富む国です。筆者が中国駐在時、ある著名な中国人の大学教授に、中国に対する見方を尋ねた際、彼は「100人の専門家がいれば100通りの見方がある」と指摘した上で、分析の難しさを語ってくれたことがあります。この見方が示すように、中国の実態を捉えることは至難の業ですが、そうした制約の中で、中国の実態を出来るだけ正確に捉えるには、現地で自分の目で見た上で、実態を客観的に評価する視点が欠かせません。

中国の国内総生産（GDP）は2010年に日本を上回り、世界第2位の経済大国に躍進しました。今や中国のGDPは日本の約4倍となり、今後はその差がさらに拡大する可能性もあります。加えて、中国の大国意識は高まり続けており、米中対立の激化も受けて、日中関係の舵取りはますます難しくなっています。

とはいえ、日中は引っ越しのできない隣国同士。日本にとって中国は最大の貿易パートナーであり、好き嫌いに関わらず、付き合っていかざるを得ません。そんな中国と向き合っていくためには、バイアスをかけずに実態を冷静に見極めていく視点が重要と考えます。

真家 陽一

ロシア語

ロシア語でユーラシアをサバイバル

地田　徹朗

はじめに

　ロシアは「遠い隣国」と言われる。ロシア人は気難しくて、何を考えているのかよく分からない。そして、何よりもロシア語は、文字は他の欧州言語とはちがうし、発音も文法も難しすぎる。そのようなことを頻繁に耳にする。そんなこんなで、多くの人にとってロシアが「お隣さん」だというイメージは乏しいのではないだろうか。

　しかし、陸地と陸地との距離という点から言えば、ロシアが最も近い「お隣さん」なのである。対馬と韓国の釜山との距離が四九・五キロなのに対し、宗谷岬とサハリン島のクリリオン岬との距離は四三キロ。北方領土（クリル諸島）も含めて考えれば、納沙布岬と歯舞群島の貝殻島との距離は三・七キロに過ぎない。よく晴れた日に、知床半島の南側、羅臼町を訪れてみるとよい。もう国後島なんて目の前だ。宗谷岬からはサハリン島を望むことができる。多くの日本人にそのような感覚はないが、ロシア、そして、ロシア語の世界はすぐそこに広がっている。

　ロシア語の世界、それは我々から「近い」というだけではない。サハリンから東には、カムチャツカ半島や、対岸はアラスカとなるチュコト半島まで、ロシア領である。西はバルト三国やロシアの飛び地であるカリーニングラードまで、南はトルクメニスタンやタジキスタンといった中央アジア諸国、アルメニアやアゼルバイジャンといった南コーカサス諸国でもロシア語は通じる。

　さらに、旧共産圏の東欧諸国やモンゴルでもロシア語が通じることがある。ロシア語を知れば、ロシアだけではない、ユーラシアの多彩な文化にアクセスできる。

ロシア語でサバイバル

そういう私も、ロシア語でこの広大なユーラシアを「サバイバル」してきた。初めての国外渡航もロシアだった。

一九九七年八月、大学二年生の時、日露学生交流のため、新潟空港からシベリアのイルクーツク、さらにはシベリア鉄道を経由してノヴォシビルスクを訪れた。ノヴォシビルスク国立大学で日本語を学ぶロシア人学生との交流が目的で、同い年の学生の家にホームステイをした。お互い片言のロシア語と日本語とでコミュニケーションを取った。

帰路のイルクーツクで、宿泊先のホテルがあるバス停を乗り過ごしてしまい、真夜中に、見ず知らずのロシア人にホテルまでの帰り方をロシア語で聞いた時、初めてロシア語が「通じた！」という感覚を味わった。

私は語学留学というものをしたことがない。ロシア語でそこそこの会話できるようになったのは、二〇〇一年、大学院修士二年目、カザフスタンのアルマトゥに半年間の研究留学した時のこと。一歳の娘をもつカザフ人女性の家に居候をしたが、生活の中で様々なトラブルが生じたため、ロシア語で大いに口論をせざるを得なかった。当時、私は日本の常識が分かってもらえないことに明らかに苛立っていた。この留学は、異文化の中での生き方を学ぶ機会でもあった。

ロシア語を使ってカザフ語を習い、ロシア語を使って日本語を教えたのもいい経験だった。カザフ語はトルコ語系（テュルク語族）の言語であり、ロシア語とは文法構造が全く異なる。むしろ、日本語を使ってカザフ語を学んだほうがよっぽど効率が良い。研究資料のほとんどがロシア語だということもあり、残念ながらカザフ語はあまり身につかなかった。

「遠い隣国」を「近い隣国」へ

多文化空間でのロシア語使用という点では、二〇〇六年七月、友人（現在は私の妻）が留学していた、ロシアの北カフカス地方にあるダゲスタン共和国を訪れた時のことを、忘れることはできない。私はモスクワに研究留学中だった。毎日のように、イスラーム過激派による爆破や暗殺事件について報道されるような場所だったが、行ってみれば市民が事件に怯えている様子など微塵もない。

クムイク人（テュルク語族）の先生にお世話になり、アヴァール人（コーカサス諸語）が住む村を訪れ、「ここから五十キロ先はグルジア（ジョージア）だ」と言われながら高原でピクニックをし、夜には案内役の男性と屋外で、旧ソ連製の車のボンネットにウォッカ瓶とコップを置きながらロシア語で語り合った。アヴァール人を含む多くのダゲスタン諸民族はムスリムであるが、アルコールはお構いなしである。ものの三十分で二人で一瓶を空けた。

ダゲスタンは、山一つ、川一つ越えれば全く異なる言語を話す民族が住んでいる（ことがある）ような場所である。都市にはロシア人も多く住む。ペルシャ語系の言語を話す山岳ユダヤ人という民族もいる。民族・言語・宗教のモザイクのような場所で、多様な人々を結びつけているのがロシア語なのだと肌で知った。

外務省専門調査員として、独裁国家トルクメニスタンの大使館で働いた時は、日常的にロシア語を使って様々な業務をこなしていた。トルクメニスタンには、二〇〇八年二月から約二年間滞在した。首都アシガバットは、南にひと山越えるとそこはもうイラン、という位置にある。

トルクメン語は、アゼルバイジャン語やトルコ語に近い。若い世代、特に地方の人々はロシア語を解さない人も増えてきているが、首都や州都ではまだ普通に通じる。これは、トルクメニスタンの人々が、未だにロシア語を通じて様々な専門知識を得ているという事情がある。また、国内メディアは情報統制が敷かれており、娯楽といえばロシア語の衛星放送だというのも理由だ。

とつぜん言い渡され、生まれて初めての通訳をしたのもここだった。それは、日本からやって来た国会議員の先生と、トルクメニスタンのある大臣との面談でのことだった。ロシア語で聞く・話す・書く、すべてがここで鍛えられた。

日本とロシアとの物理的な「近さ」を肌で感じたのは、前任校での仕事で二〇一二年八月、稚内港からサハリン島のコルサコフ港までフェリーで渡った時のことである。まず、稚内市役所には当時サハリン課があった。ユジノサハリンスクには、今なおサハリン事務所がある。稚内はつね日ごろから、サハリンのロシア人との交流を意識してきた。市内では、ロシア語での案内表記も目にする。

コルサコフ港に着くと、そこはもうヨーロッパ。日本語はまったく通じない空間が始まる。現地のロシア人と話して、サハリンの人々は、「お隣」の日本人にもっとサハリンに来て欲しいと願っていると感じた。ただ、ユジノサハリンスクでは、ロシア（いや、サハリン）ならではのトラブルに見舞われ、私はその火消しの後方支援をロシア語でやった。「遠い隣国」を「近い隣国」にしないといけない。それを実感した一時だった。

ユーラシアへの切符を手に入れよう

ロシア語を学ぶこと、それは、豊かなロシア文化、そして、広大で多様性に富むユーラシアへの切符を手にすることである。

ロシアやユーラシアの人々は、実は懐が深く、客好きで、愛情深い。中でもロシア人は、感情的であるのと同時に理論好きで、こちらもロジックで返せば、必ずや分かり合える。

ロシア語そのものも、名詞・形容詞の格変化や、動詞の人称変化など、覚えなければならない文法規則は多いが、非常にロジカルで例外が少ない言語である。ただ、二〇二二年二月に始まったロシアのウクライナ侵攻により、日本からロシアに行きにくくなってしまったのは残念この上ない。一日も早くロシアとウクライナに平和が訪れることを祈っている。

ちょっぴり謎めいているけれども、とても奥が深いロシア・ユーラシアの世界。「遠い隣国」を「近い隣国」にすべく、みなさんもロシア語を学んで「サバイバル」してみませんか？

Column

トッコズミン　サッカズミン

2000年代初め、ウズベキスタンの首都タシケントで日本語を教えていました。私はウズベキスタンが旧ソ連圏ということで、ロシア語を少し勉強しましたが、ウズベク語は全く分かりませんでした。

旧市街といわれる地域にあるバザールは、私のバスの乗り換え地点で、ロシア語はほとんど聞かれないウズベク語の世界でした。むせかえるような熱気の中、大勢の人が往来していました。

そんな中、ひときわ大きな声の男性が通りました。

「トッコズミン！サッカズミン！」

フレーズの響きが妙に面白く、耳に残りました。


バスに乗り、大学に到着して学生に尋ねました。

「さっきバザールで、トッコズミンって言ってた。どういう意味？」

どんな言葉かな、不思議な言葉かな、そう思っていたのに、学生は大爆笑です。


「先生、それ、9000っていう意味です。」


ウズベク語でトッコズ（To'qqiz）は9、ミン（ming）は1000という意味だと言います。

何のことはない、単に9000スムだよ、という物売りの声だったのです。ちなみにサッカズミン（Sakkiz ming）は8000です。


でも、学生の笑い声を聞きながら、9000も悪くないなと思いました。

未だにウズベク語はできませんが、9と1000を忘れることはないでしょう。


こんな経験の積み重ねがことばの学習の本質ではないかな、と考えています。

近藤 行人

韓国語

美しい言葉との出会い

齋藤　絢

はじめに

皆さんは、好きな言語がありますか。音の響きや、文字を書いた時の感覚、あるいは、会話している時のイントネーションなど、おそらく、皆、一人ひとり、好きな言語があるのではないかと思います。

大学三年生の時に一年間ソウルに留学し、そして大学院生の時に、また再びソウルで留学生活を送りました。またいつか、韓国で生活する時が来るのかな、と思っていたら、今度は釜山の私立大学に就職し、初めて韓国語を学んだ日から十数年、日本と韓国を行き来する生活が続きました。もはや、日本の友人は、私が今どこで生活を送っているのか分からなくなっていて、「今、どこにいるの？」が挨拶代わりでした。

韓国語と出会ったときに起こったこと

私が韓国語に初めて出会ったのは、高校生の修学旅行で韓国に行った時でした。英語以外の外国語に触れたことが初めてだった私にとって、看板やテーブルのメニューにあるハングルは、記号のように組み立てられた幾何学的な文字のようでした。どう読むのかも分からなかったですし、現地の人たちの会話も、何も耳に入らないまま修学旅行が終わり、日本に帰国しました。

韓国の思い出として残ったのは、美味しい食事と、バス移動で目に映った自然豊かな街並み、そして、ハサミでチョキチョキと冷麺を切る光景などでした。その時は、まさか、韓国語が今後の人生に大きな転機をもたらす外国語であることなど、想像もできませんでした。

韓国語との二回目の出会いは、大学一年生の第二外国語の授業でした。その頃の私は、韓国語の学習について、こんなことを考えていました。「遠くの世界を見ようとするのではなく、まずは、一番近い場所にいる人たちの世界を知りたい」「隣国である韓国の言葉を学ばなくちゃ！」……。これが外国語の学習に対するモチベーションでした。もちろん、英語は日常において必要不可欠な言語の一つですし、個々人の生活において必要不可欠な言語はそれぞれだと思います。きっと、皆さんにとっても、母語や母国語に並び、必要不可欠な言語があると思います。当時の私にとって、遠い・近いという感覚は、物事を見る上で、判断基準の一部であったのかもしれません。

そして、近い存在に感じた韓国は、地理的な条件はもちろんのこと、文化の繋がりが切っても切れない存在であることを、当時、仕事の関係で韓国語の勉強をしていた父からよく聞いていました。地理的に近く、隣国として様々な接点をもってきた韓国は、時に日本と対立の関係にあり、また共存してきたものも多くあります。歴史的に複雑でありながらも、尊い存在である日韓の関係を中途半端には考えてはいけない。そのような感覚を持っていました。でも、実際のところ、大学一年生がドキドキ・ワクワクしながら臨んだ新しい韓国語の授業で、まず魅了されたのは、韓国語の音の心地良さでした。

「ハングル」は、韓国語や朝鮮語を構成する基本文字を指します。母音十個と子音十四個、そして、複合母音十一個と濃音五個の計四十の文字を組み合わせ、表現していきます。

日本語よりもはるかに母音の数が多い韓国語の発音を習得することは、易しいことではありませんでした。母音の数が多いということに加え、同じような母音の音に、当初は悪戦苦闘していました。でも、そんな悩みは、今思えば、言語を学ぶ上での一つの楽しみだったように思います。例えば、母音の一つに'어'と'오'があります。どちらも、日本語の「オ」という発音に似ていますが、後者の母音は、唇を突き出すように音を出し、音がこもっているように聞こえるのが特徴です。

「なんか違う」、「どこが違う?」、「なんで違う?」と悩むことで、迷路から抜け出せないような感覚になることもあるかもしれませんが、母音がたくさんあることで、音の表情は豊かになると思えば、それも言語の魅力の一つとして、考えていくことができると思います。

　大学三年生の時に、ソウルで生活していたある日、キャンパス内にいた男女のカップルが会話をしていていました。彼女が彼氏に、美しい声で話していて、それを彼氏がうっとりとした表情で聞き入っている光景を目にしました。どうやったら、あんな風に美しく、滑らかなフレージングで話せるようになれるのかと憧れを抱きました。

　それから数日後、ふと気づいたことがありました。それは、数多い母音の音を、ゆっくりと、丁寧に発音し練習することで音と音の繋がりが滑らかになれば、より一層、フレージングの山と谷の音の上下の動きが自然と滑らかになっていくのではないか、ということです。それから、何度もニュース番組のアナウンサーの声や、ラジオで聞こえてくるＭＣの声、友人の話す声を、耳を澄ませながら聞くようになりました。母音と子音の数の多い韓国語の発音の難しさを乗り越えた先には、音の幅の広さを通じて感じられる会話の楽しさが待っていました。

ハングルから漢字語を推測する

　韓国語の音声の魅力について、もう一つ皆さんにお伝えしたいことがあります。朝鮮半島では長い間、中国の漢字が使用されてきたことで、つまり朝鮮半島と日本とが、共に中国の文化を受容して伝わった音や、朝鮮半島を通じて日本に伝わった音が多くあるということです。道路（どうろ）は、韓国語では도로（to-ro）と発音します。韓国語でも、道路という漢字語を使っています。「道」（どう）は'도'（to）、「路」（ろ）は'로'（ro）と発音します。韓国の漢字語が日本語の音に近いことを学ぶと、音の繋がりを通じて、ハングルから様々な漢字語を推測していくことができます。また、韓国語と日本語の繋がりを感じると、漢字の発信国である中国語との繋がりも必然的に見えてきます。言語を学ぶことで、その言語を使用している土地の歴史や、周辺地域との繋がりが見えてくることも、語学の楽しみの一つだと思います。

　韓国では、朝も、昼も、晩も、人と会うと'안녕하

세요’（アンニョンハセヨ）と挨拶をします。’안녕’は「安寧」と書き、平和で穏やかな状態であることを指します。日本でいう「お元気でお過ごしですか」にあたる表現ですが、完全に日本語の表現と同質とは考えられないと思います。「元気」とは、どのような状態をいうのか、相手に元気かどうか、訊ねてきた歴史的背景と、朝鮮半島で用いられてきた「安寧」を相手に訊ねる歴史的背景とは同質ではないはずです。もちろん、相手を思いやる気持ちには変わりありませんが、挨拶言葉を通じても、発見が色々とありそうです。

韓国語は今や、わたしの生活の一部になっています。ですから、わたしは「韓国語が好きです」ということは、自然なことだともいえます。しかし、韓国語が好きだという理由について質問されたら、ちょっと、困ってしまいます。音の響きや、文章を書くことや、会話を通じて感じられるフレーズといった、語学の基礎を学習する時に学ぶようなことだけでは、韓国語が好きな理由として、答えにはならないと感じるからです。それは、ソウルでの二度の留学と、釜山での就職の経験を経て、現地で生活を送ることそのものが、言語習得であったからです。

出会った場所、出会った人々とのご縁

初めて韓国語に出会ってから、今に至るまでの十八年間、外国語を学ぶ時に必ず直面する、自分自身への葛藤が多々ありましたし、二度の韓国での留学経験のなかで経験した、数々の素晴らしい思い出がありましたが、それと共に残る、伝えたいのに上手く伝わらず、変な伝え方をして誤解を招いたという苦い経験もありました。

母語でも母国語でもない外国語を学ぶことは、自分自身の実力を知り、弱い部分と向き合う、ある種の修行のような感覚に似ています。でも、その苦い思い出の数以上に、得られたものは、とても大きいものばかりでした。韓国語は私に言語の習得を通じて出会った場所やそこに生きる人々とのご縁をもたらしてくれた温かさを、いつまでも変わらずに感じ続けていける力を与えてくれます。

韓国語を学ぶきっかけは、人それぞれで良いと思い

ます。キムチが好き、韓流にはまっている、コスメが魅力的、俳優が美しい、現地で食べたチゲの味が忘れられない、韓国の伝統舞踊が好き、K-POPを聴くと元気になれる……。色々な出会いのかたちがあると思いますし、魅力的なものを入り口に韓国語を学ぶことで、皆さんなりの「好き」の理由がかたちづくられていくはずです。

インドネシア語

多様性を知る入りやすい玄関

中島　健太

ASEANの中のインドネシア

インドネシア語とは、どこで誰に話されている言語なのでしょうか。その答えは、インドネシア語は、東南アジアにある「インドネシア共和国」で「国語」としてインドネシア人に話されているというものです。

インドネシアという国の定番イメージとしては、まず世界遺産であるバリ島やボロブドゥール遺跡といった世界的な観光地、次に「ナシ・ゴレン」や「サテ・アヤム」といったインドネシア料理でしょうか。あるいは「大航海時代」の香辛料の産地であった香料諸島やアジア・アフリカ諸国の指導者が集まった「バンドン会議」（一九五五年）の開催地など世界史の舞台といったところでしょうか。近年では、高い経済成長が続き、世界の新しい成長センターとして期待を集めている東南アジア諸国連合（ＡＳＥＡＮ）の主要国としてアジア新興国に含められたり、さらには「Ｇ20」のメンバーを務めたりと、国際舞台でも何かと目にする機会があります。

東南アジア地域全体では、二〇一五年末に「ＡＳＥＡＮ共同体」が発足しました。その目的の中心は、域内の貿易自由化であり、人口約六億人の巨大市場統合へ向けてスタートが切られたのです。これは、人口約五億人のヨーロッパ連合（ＥＵ）に匹敵する規模です。

このＡＳＥＡＮ全体の人口のうち、およそ四割をインドネシア人が占めている計算になります。インドネシア共和国の人口は、二〇一四年現在、インド、中華人民共和国、アメリカ合衆国に次ぐ世界第四位で、二億七千万人を超えているのです。さらに、人口はまだ増加しており、そのうちに三億一千万人でピークを迎えると推計されています。

インドネシア語の広がり

こうしてインドネシア語は、インドネシアだけでも「国語」として二億五千万人以上の人々に用いられていますが、それだけにとどまりません。近隣のマレーシアやシンガポール、ブルネイといった国々の他、東ティモールやタイの南部、フィリピンの南部などでも通じるというのです。

実は、この地域は、東の中国（その先には日本があります）から来た船と、西のインド（その先は中東そしてヨーロッパに続いています）から来た船が出会う港であり、かつ香辛料や香木をはじめとする熱帯のここにしかない特産物を東洋・西洋に送り出す港でもあって、交易で大いに栄えた長い歴史があるのです。そして、この交易に用いられる共通語として「マレー語」という独自の言語が発展しました。

よく、インドネシア語と隣国マレーシアの国語であるマレーシア語は兄弟のような存在であると言われます。それは、この二つの国語が、いずれもこの「マレー語」をベースとしているからです。もちろん、発音や単語などで違う場合もありますが、それも日本での方言の範囲におさまるものです。このため、どちらの言語から学び始めても、最終的には違いはあまりないということになります。

インドネシア語のイメージと実際

ところで、インドネシア語と聞いて何が思い浮かぶでしょうか。「インドネシア語は平易な言語らしい」であるとか「日本人にとって入りやすい言語らしい」というような話を耳にした人もいるかもしれません。

そのようなイメージができあがったのには、実際のところ、それなりの理由があります。先に触れたように、インドネシア語のベースとなった「マレー語」は伝統的な交易の共通語として発展してきた言語です。その共通語としての平易さをインドネシア語の発音や文法が受け継いでいるということなのです。

それでは、「インドネシア語が平易な言語である」という場合、どのような点においてなのでしょうか。

一例として、「発音」が挙げられます。とりわけ、基本の「母音」が、日本語の「ア（a）」「イ（i）」「ウ（u）」「エ（e）」「オ（o）」に近く、あと一音「弱いウ（ə）」が加わるだけであるという点です。

これに、「文字」が現在は「アルファベット」であるという点が加わり、簡単な会話の場面では「頭に浮かんだ順に、ローマ字（ヘボン式に近い）読みで、単語をとりあえず並べれば通じる」や「日本語に近い感覚でしゃべることができる」という体験につながります。

さらに、インドネシア語に接する機会を重ねていくと、「人はオラン（orang）」「飯はナシ（nasi）」「魚はイカン（ikan）」「菓子はクエ（kue）」などのダジャレのような言葉と出会うことにもなるでしょう。

こうして、インドネシア語はとりわけ日本人にとって学習を始めやすい外国語と言われるのですが、インドネシア語を修得するためにはもちろん地道に学習することが必要であり、この点は他の外国語とまったく同じです。

インドネシアの多様性とインドネシア語

このような特徴を有するインドネシア語を「国語」とするインドネシア共和国とは、具体的にどのような成り立ちの国なのでしょうか。一言でまとめれば、熱帯の島々とそれをつなぐ広大な海域に多様な人々が暮らす群島国家です。

数字でみると、二億五千万人以上の人々が、スマトラ島やカリマンタン島（英語ではボルネオ島）をはじめとする一万以上の大小の島々に分かれて住んでいますが、そのうちの過半数がジャワ島という一つの島に集中しています。宗教では、イスラム教徒（ムスリム）が全体で約九割に達する一方で、島や地方によってはキリスト教徒のカトリックやプロテスタント、あるいはヒンドゥー教徒が多数を占めるところもあります。この他、仏教徒や中国系宗教の人々もいます。エスニック・グループでは、主要なものだけで二十七、数え方によっては数百にも達するとされますが、ジャワ島（中部・東部）をルーツとするジャワ人が最大（人口のおよそ四割）で突出した存在です。言語では、ジャワ語やスンダ語、バリ語というようにエスニック・グループごとに独自の言語を有し、さらに方言もあります。

このようなインドネシア共和国に住む多様な人々が「国民」としての一体感を持つカギの一つが、「国語」としてのインドネシア語なのです。それは、植民地支配から独立する際に、建国のリーダーたちが、最大エスニック・グループであるジャワ人の「ジャワ語」ではなく、伝統的な交易の共通語であるマレー語を採用して「インドネシア語」と名付けることによって、各エスニック・グループが対等であるという建国の理念を示したことに始まります。

そして、インドネシア社会が約九割の小学校就学率を達成してすでに数世代を経た現在、各自の母語である異なるエスニック・グループの言語間をつなぐ「国語」が平易で修得しやすいものであったということが、多様な人々が自らの多様性を維持しつつ共存することを助けているのです。

入りやすい玄関からその先へ

このような共通語として平易で修得しやすいということを特徴とする「入りやすい」インドネシア語ですが、その先には「奥行きが深い」多様性の世界が広がっているということを最後に強調したいと思います。

インドネシア語という「玄関」から、インドネシア共和国ひいては東南アジア全般の、多様性と向き合う共存の努力とその上に築かれた伸び盛りの勢いに、ぜひ直に触れてみてください。

加えて、日本国内でも、インドネシア語を使う場面があるかもしれません。最近、出入国管理政策の根本的な転換がありました。まず、インドネシアから観光で日本を訪れるハードルが下がり、旅行客が増加しています。また、少子化で働き手不足の日本社会で、介護や工業、さらには農業や漁業といった職場を支える不可欠な人材としてのインドネシア出身者が身近にいるという時代がすでに到来しつつあります。

言語という「玄関」で満足して立ち止まることなく、ぜひ「その先」の多様な文化・社会・個人への理解を深める方向へと進み続けてもらえることを願ってやみません。

Column

踊らないダンスの楽しみ方

近年、K-POPの流行を機に"ダンス"というものの注目度が年々高くなっていると感じる。ダンスには様々な種類《ジャンル》が存在するが、ブレイクダンスがオリンピック競技となったのは記憶にも新しいはず。私自身、ダンス歴は10年ほどになるが、続けてきてよかったと感じる瞬間は多々ある。アメリカ留学中はサークルに入り、現地学生の皆と踊ったことは一生忘れることのない思い出となった。ダンスは、国籍や言語の壁など関係なく楽しめる。そんなコミュニケーションツールの1つでもあると体感した。

ところで皆さんは、世界最古のダンスをご存じだろうか。それは、古代エジプト時代から存在するベリーダンスだと言われている。「お腹（Berry)」の動きが特徴的とされ、そう名付けられた。昔、西洋文化では、女性は皆コルセットで体を締め付けていたのに対し、このダンスは腹部を出し、まるで解放されたかのように女性が躍るので、当時の西洋人には衝撃だったとのこと。また、比較的新しくできたジャンルの1つとして、1960年代、アメリカ都市部、ラテン系同性愛者の間で流行したダンスがある。それは、ヴォーグ（Vogue）と呼ばれる。大きく腕を動かしながら雑誌の表紙のようなポーズを決めるのが特徴で、元々はLGBTQコミュニティの中で、お互いのファッション対決を目的としたダンスパーティーが起源だとか。

このように、ダンスのルーツや歴史を辿ると当時の社会的背景が浮かび上がってくる。たまには練習室の鏡の前から離れ、違う視点からダンスを見てみるのも面白いかもしれません。

福壽 佳音

タイ語

多文字、多言語の王国タイ

川口 洋史

タイ語とタイ文字

　いわゆるタイ（Thai）語とは、人口六千七百万人を擁するタイ王国の公用語であり、タイ文字を使って綴ります（図1）。もちろんタイ国外でも、タイ語を学ぶ際にはタイ文字をあわせて習得するのが一般的です。

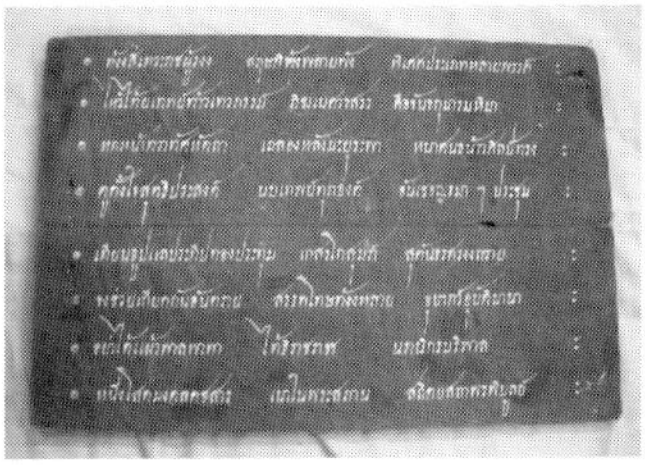

図1　タイ文字タイ語で書かれた写本

　現行のタイ文字は子音文字四十二種、母音記号二十一種などからなります。その先祖は十三世紀末にスコータイ朝（一二四〇頃〜一四三八年）のラームカムヘーン王が作った文字であるというのが通説ですが、議論のあるところです。

　ともあれ、タイ文字がインド系の文字の流れを汲むクメール（カンボジア）文字の影響を強く受けていることは間違いありません。子音文字の上下左右に母音記号が付くところなど、実にインド系の文字の特徴です。またタイ語には五つの声調（音の高低によって意味を区別する）があるため、タイ人はタイ文字に声調記号を導入しました。もともと一つの声調記号が一つの声調に対応していたようですが、時代とともにタイ語が変化したため、現在ではその対応がズレてしまい、学習者を悩ませる一因になっています。

クメール語・クメール文字とタイ人

　その一方で、今日のタイの領域において、タイ語以外の言語、タイ文字以外の文字も使われてきたのも事実です。私はタイの歴史を専門としていますが、十八世紀以前のタイ語の文献史料はきわめて少ないため、利用できる史料の範囲を広げるために、タイ語以外にいくつかの言語や文字をかじってきました。ここでは、タイ文字タイ語以外にタイで使われていた文字や言語について述べようと思います。

もともと今日の中国・ベトナム国境あたりに住んでいたタイ人が、今日タイと呼ばれる地域に到達したのは十一世紀でした。当時、クメール（カンボジア）人によるアンコール王朝が強盛を誇っており、現在のタイ東北部やチャオプラヤー川流域をも支配していました。その支配を押しのけて成立したのが、先に触れたスコータイ朝ですが、同時にタイ人はクメール人から多くの文化を学び取りました。語彙や文字もその一つです。

タイ人はクメール文字をもとにタイ文字を作っただけでなく、クメール語やクメール文字そのものも継承しました。十四、十五世紀のタイ中部にはクメール人、あるいはクメール語話者が数多く存在していたでしょうし、そもそも「タイ人」と「クメール人」とのあいだも曖昧なものであったかもしれません。クメール語は宮廷の言語として使われました。たとえばスコータイ朝のリタイ王は、一三六一年に王の功績と徳を称えるクメール語の碑文を建てています。またスコータイよりも南で成立したアユタヤー朝（一三五一～一七六七年）においても、クメール語は使われ続けたようです。十七世紀末にアユタヤー王が発行した、ある寺院の所有地を免税とする勅許状は、タイ語とクメール語で同じ内容が書かれています。

クメール文字はクメール語だけではなく、パーリ語やタイ語を記すためにも使われました。スコータイ時代から今日まで、タイ人はおもに上座部仏教を信仰してきました。上座部仏教はお釈迦様の開いた仏教により近い、古い形態の仏教です。その経典は古代インドの言語のひとつ、パーリ語で記されています。二十世紀始めまで、タイの人々はこのパーリ語の経典を貝葉（ヤシの葉）や折りたたみ

図2　クメール文字パーリ語の絵入り写本

式の紙の書物に書写するのに、クメール文字を用いてきました（図2）。僧侶でも必ずしもパーリ語が理解できたわけではありませんでしたが、ともかくもお経を唱えなければなりませんので、クメール文字を音読することはできたはずです。またパーリ語はけっして死語ではなく、上座部仏教圏における学問の言語として、仏典に対する注釈書をはじめ、物語や歴史書を記すのにも使われました。タイの僧侶が、スリランカなどの僧侶とパーリ語の手紙をやりとりすることもありました。

他方、クメール文字でタイ語を記すことも、十九世紀末まで行われていました。今ではクメール文字はお守りの図像に使用される程度です。現在のタイの人々はクメール文字が読めませんので、読めないからこそクメール文字に神秘性があるのだ、といった意見をもらうことがあります。しかし、十九世紀のクメール文字のタイ語で書かれた写本のなかには法律書や薬についての書物が多数あり、それらは内容が読めなければ意味がないので、やはり当時はクメール文字が読めた人がそれなりにいたと考えざるをえません。

より広域で使われた言語と文字

そのほか、現在のタイ王国の領域内でかつて使われた文字のひとつとして、タム文字があります。タイ北部にかつてあったラーンナー王国（一二九六〜一八九九年）で、パーリ語や北タイ語を記すのに用いられていました。タムとは仏法（ダンマ）に由来します。インドの文字を先祖とするモン文字から作られたと考えられ、文字の形はビルマ文字と似ています（図3）。ラーンナーはアユタヤーなどの中部タイよりもビルマと関係が深く、同じくタム文字を使っていたラオスや現在のミャンマーのシャン州、中国の雲南省南部のタイ系諸民族とともに、ひとつの文化圏を形成していました。

十九世紀、ラーンナーは南のバンコク朝（一七八二年〜）に服属していました

図3　タム文字が併記された寺院壁画

が、タム文字で文書を送り、南のタイ文字文化圏に吸収されてはいませんでした。バンコク朝もタイ文字の使用を求めませんでした。しかし二十世紀初頭、近代的な意味でタイ北部がタイ王国の領土となり、ラーンナー王国も解体されると、タム文字はタイ文字に取って代わられ、衰退してしまいました。

東・南シナ海の共通言語であった漢文も見逃せません。アユタヤー朝は明朝や清朝との通信はもちろん、琉球や日本に送った文書も漢文で書いていました。琉球王国の外交文書集である『歴代宝案』や、金地院崇《こんちいんすう》伝《でん》が編纂した『異国日記』には、アユタヤー王が琉球国王や徳川将軍に送った漢文の文書が写し取られています。このような漢文の手紙を作成していたのは、タイに移住した中国人商人であったと考えられています。一八三三年にバンコク朝とアメリカ合衆国のあいだで締結された条約も、タイ語、英語のほか、ポルトガル語と漢文で記されています。現在でも、たとえばバンコクを旅行すれば、そこここに漢字を見ることができます。

一方で、マレー半島南部に多く住むマレー人のムスリム知識人にとって、文字といえばアラビア文字でした。彼らはアラビア文字で自分たちの言語であるマレー語を記し、西アジアのムスリムと通信する際はアラビア語を用いていました。

重層的なタイの歴史へ

これら以外にもタイで使われていた、あるいは使われている言語や文字はまだまだあるのですが、要するにタイはタイ文字タイ語だけの世界ではなかった、ということです。クメール文字のように隣り合った地域とまたがって使われていた文字もあれば、タム文字のように今日の国境とはまったく関係なく用いられた文字もありました。パーリ語や漢文のように、さらに広大な地域で用いられた共通言語もありました。そのような多様な文字文化を視座とすれば、タイ文字とタイ語だけでは見えてこない、重層的なタイの歴史を浮かび上がらせることができるのではないか、と考えています。

Column

私の言語体験

初めてアメリカに行ったのは、大学の交換留学でした。留学に備え、英語を座学で勉強したのはもちろんのこと、留学生と毎日のように接しながら会話力の向上にも努めました。留学生と英語で会話できていたことで、自信を深めて渡米しました。

そして撃沈しました。

まず空港に迎えに来てくれた学生の言っていることが理解できない。寮に住む人たちの話していることが聞き取れない。見知らぬ通行人にいきなり話しかけられ、聞き取れずに狼狽していた時、そして某ハンバーガーチェーンの店員の呼びかけに気付けなかった時に暴言を吐かれたことは、今でも忘れられません。さすがに“Shit!”くらいわかるわ！笑
ともあれ、留学してすぐに気づきました。日本にいる留学生は、日本人とコミュニケーションを取ろうとしてくれている人たちであり、そういう人たちとの英会話は、補助輪の付いた自転車に乗っているようなものだったのだと。補助輪のない自転車で転びに転ぶ、心の擦り傷の耐えない日々が始まってしまったのです。

考えてみれば、自分だって教科書に載っている定型文のような日本語を話しているわけではありません。言語の習得には、手加減のない言語体験が必要なのだと痛感したのでした。

真崎　翔

アラビア語

ゆるやかなアラブのリズム

松山 洋平

シリアでの留学

大学二年生の秋学期が終わると同時に、私は、一年間の語学留学のためシリア・アラブ共和国へと旅立ちました。ご存知のとおり、シリアは今でこそ内戦でとても渡航できる状態ではありませんが、当時は政治的にも安定していて、物価も安く、日本人が楽しめる娯楽もあるため、アラビア語学習者の一大留学スポットだったのです。

私は、外国人向けの語学学校に通いながら、一年間、シリアの首都ダマスカスで生活を送りました。シリアと言うと、「よくそんなところに！」と驚かれることもありますが、町も人間もある程度近代化された国ですから、価値観や行動様式が日本とかけはなれているわけではなく、全くの異世界というわけではありません。

ネットカフェもありますし、日本人を含む外国人もたくさんまわりにいました。シリア人も皆親切で、命に関わるような危機的な事態に遭遇することもありませんでした。ただ、どんな国に留学しても同じことですが、やはり日本とは地理的に離れていることもあり、大なり小なりカルチャーショックを受けることもあります。

とにかく対応が遅い

これはアラブ諸国一般の傾向ですが、トラブルに対する対応が遅い点は、日本での生活と大きく異なる点です。

あるとき、私が住んでいる家の湯沸かし器が動かなくなったことがあります。この湯沸かし器がなければ、浴室でお湯を出すことができません。大家さんに直してくれるように言うと、「分かった。明日やる。インシャーアッラー（神の御心なら）」とのこと。しかし、明日になっても湯沸し器は直りません。その後、大家さんに会うたびに湯沸かし器を直すよう訴えたのですが、返事は決まって「明日だ。インシャーアッラー」でした。はたして、「明日」は一向にやってきません。

水を浴びればいい、と思うかもしれませんが、季節は冬。シリアの冬は、名古屋よりも寒いくらいです。とても冷水を浴びる気にはなれません。結局、風呂に入れずに、お湯無しで二ヶ月ほどをやり過ごしたのでした。

アラブで「明日」はやってこないというのは有名ですが、それを痛感した出来事でした。

アポイントメントの時間に来ない

アラブに生まれ育ったアラブ人と待ち合わせをしても、約束の時間にやってくることはまずありません。多くの人が、約束の時間から一時間ほど遅れて、約束の場所に悠然とやってきます。もしあなたが、アラブ人と「一時」に約束をしたのであれば、それは「一時以降のいつか」を意味していると考えて差し支えありません。

もちろん、ビジネスの場ではアラブ人もそれなりにきちんとしているのですが、プライベートでまでせわしい生活を送る必要などない、と考えています。いつでもゆったりとしたペースで、トラブルが起こっても急ぐことはありません。急ぐことは、極めて不粋なこと、と捉えられています。

こんな調子で生活していると、こちらも、シリアのペースにだんだん慣らされていきます。色々なことを気にしなくなり、約束の時間もざっくり考えるようになってきます。

アラブ人の素敵な寛容さ

あるとき、街を歩いていると、知人のシリア人に呼び止められました。彼は、「この前はどうしたんだ？」と聞いてきました。「○○日に会う約束をしただろ？　ずっと待ってたんだけど、来なかったよな？」

私はハッとしました。「そうだった！　ごめん、すっかり忘れていて」。なんと、私は彼との約束をすっぽかして、家で寝ていたのです。すると、彼は安堵の表情を浮かべ、嬉しそうな口調でこう言いました。「そうだったのか。風邪でもひいたのかと思って、心配したんだよ」。

彼が不満や怒りの情を全く抱いていないことは、彼の様子からわかりました。彼が特別寛容なわけではなく、アラブ人は一概に、いつもこんな感じです。「人に迷惑をかけた」と日本的な感覚で捉えられる人がいても、その人を責めるわけでもなければ、そもそも、その人が悪いことをしたとも考えていないような節があります。

私は、アラブのそういう所にはずっと慣れることができなかったのですが、いつの間にかそんなアラブの雰囲気に「毒されて」しまっていたようです。そう気がついたときには、私はシリアですっかり気持ちのよい毎日を送っていたのでした。

「だらしなさ」を学ぶ

アラブの文化や言語を学ぶことで得られるものは人それぞれで、一概には言えませんが、私はと言えば、アラビア語を学び、アラブ世界を知ったことで、以前より少し「怠惰」で、「だらしない」人間になったような気がします。そのこと自体は、日本的な考え方から言えば、けっして無条件に良いこととは言えないでしょう。しかし同時に、私はアラブを知る前よりも、少しだけ他人にやさしい人間にもなれたような気がします。

今は、約束の場所にいっこうにやって来ない人を、珈琲でも飲みながら一時間でも二時間でも待つことができます。そして今なら、遅れてやってきたその人と、二杯目の珈琲を美味しく飲める気がするのです。

Column

オークランド戦争記念博物館
―ニュージーランドで学べる人間の歴史―
(Auckland War Memorial Museum)

ニュージーランド北島の最大都市オークランドに、観光名所として知られる「オークランド戦争博物館」があります。2年前の春季語学研修の引率の際にこの博物館の存在を知りました。ニュージーランド事情に疎い私に、同僚の先生がさりげなく薦めてくださったのがきかっけです。戦争博物館ですから、実はあまり気乗りがしませんでした。南半球の片隅にあってしかも新しい国。戦争と言っても何を語れるのか。そんな軽率な思い込みも私のなかにあったからです。ですが、その思いはひっくり返されました。

研修先のワイカト大学（ハミルトン）からバスで片道二時間半。オークランドの小高い丘の上にあるこの博物館（1929年開館）は、一階に先住民のマオリ民族の歴史、文化を扱う優れた展示「Pacific People（太平洋の人々）」があり、二階は「Natural History（自然の歴史）」、そして最上階の三階が戦争に関するフロア「Scars on the Heart（心の傷跡）」となっています。ニュージーランド史にとって、第一次世界大戦の記憶は非常に重要であることを改めて学び、また第二次世界大戦に関する貴重な史料展示も目から鱗でした。そして日本のセクションにたどり着くと、モノクロ写真からなる大きなコラージュパネルがあり、その全体を眺めてみようと数歩後ろに下がってみました。すると、遠く右上の方に返り血のように見え、文字のようにも見えるものに気がつきました。近づいてみると、あの内村鑑三のフレーズでした。“*A military man without poetry is a savage, not a samurai.* (Kanzo Uchimura)”

その日は一日、博物館で過ごし、引率で一緒に過ごした学生たちにも、翌日この経験を語りました。

吉見 かおる

あとがき

聖人の遺体は腐らない、といういわゆる不朽体伝説が、ヨーロッパの一部のキリスト教信者の間でまことしやかに呟かれてきたことが知られるが、この伝説は、ロシア民衆の間でも有意の言葉として広く語り継がれてきた。『カラマーゾフの兄弟』に登場する二十歳の青年アレクセイもまた、その伝説を信奉する修道僧の一人だった。ところが、敬愛する師ゾシマ長老がこの世を去るや、その遺体からは速やかに腐臭が漂いはじめ、絶望した彼は、自らの信仰が根本から揺らぎだすのを感じる。悲しいかな、自然の摂理が神の摂理を超えたのだ。だが、その夜遅く僧院に戻った彼は、長老の棺の傍らでまどろむうち、有名な「ガリラヤのカナ」の夢の訪れを受け、深い霊感に打たれる。そしてその夢のなかで彼が耳にするのは、長老ゾシマが生前口にしていた次の言葉である。

「人を愛するものは、人の喜びをも愛する」

アレクセイの前に甦りの道が開かれるのは、まさにこの夢のあと——。満天の星のもとで不意になぎ倒されたように大地に倒れ込んだ青年の心に、再びゾシマの声が響きわたる。

「お前の喜びの涙を大地に注ぎ、お前のその涙を愛しなさい」

『カラマーゾフの兄弟』の作者ドストエフスキーは、どこまでも引き裂かれた人間である。作家として彼は、愛や喜びのもつエゴイスティックな本質に冷静な洞察力を働かせてきた。総じて、人の不幸や悲しみを喜ぶことはできても、他人の喜びを愛することは苦手というのが、人間の悲しき性。フランスの哲学者ルネ・ジラールに「模倣の欲望」という言葉があるが、ドストエフスキーの登場人物の少なからぬ部分が、この欲望の犠牲者だった。「模倣の欲望」とは、ごく単純化すれば、「隣の芝生は青い」。彼らは、他人が愛するものを羨み、それを横取りしようと企む不吉な欲望の持ち主である。ドストエフスキーは言う。おのれの羨みを克服せよ、と。他人の不幸を愛するのではなく、他人の喜びを愛せ、と。この言葉には、激動の人生を送った作家が、もがき苦しみつつ到達した究極の愛の理想が息づいている。その境地にどこまで近づけるか、それが私たち一人ひとりの人生の課題でもある。

「ザ・ワールド・ウィズ・アス」──二〇一八年四月に創立三十周年を迎えた名古屋外国語大学は、ＨＰのトップにこの言葉を掲げた。それから六年、この言葉はますます重みを増しつつあるように思える。理由はまさに地球レベルで加速する二極化。勘のいい読者は、この言葉が、SDGs の精神（「だれ一人取り残さない（leave no one behind）」）に深く通じていることに気づかれただろう。世界は、地球は、私たちの存在なしでも存続できる、だからなるようになれ、そんな冷めた悲観主義はどうか今すぐ捨ててほしい。なぜなら世界は、一人ひとりが健やかに生きることができてはじめてその美しいハート型を維持できるのだから。そしてその美しい♡型の永遠の幸せを願いつつ、今ここに世界の英知が生んだ数々の金言をお届けする。

二〇二四年十月一日

亀山　郁夫

桑原 恒和
名古屋外国語大学非常勤講師
イタリア語、西洋美術史

松本 純子
世界共生学部世界共生学科准教授
スペイン語学、スペイン語教授法

重松 由美
名古屋外国語大学非常勤講師
社会言語学

船越 達志
外国語学部中国語学科教授
中国文学

R・シャルジアン・モリソン
世界教養学部 世界教養学科准教授
日本文学・世界文学

地田 徹朗
名古屋外国語大学世界共生学部准教授
ソ連史、中央アジア地域研究

齋藤 絢
世界教養学部国際日本学科准教授
日韓文化関係、民衆歌謡研究

中島 健太
名古屋外国語大学非常勤講師
インドネシア地域研究

川口 洋史
名古屋外国語大学非常勤講師
タイ近世史

松山 洋平
東京大学大学院人文社会系研究科准教授
イスラーム思想

2部　Column

磯村 昌彦
現代国際学部グローバルビジネス学科教授
経営史、産業論

高橋 直子
外国語学部英米語学科准教授
語彙意味論（言語学）

原 慎之介
現代国際学部グローバルビジネス学科准教授
管理会計、サプライチェーンマネジメント

宮川 公平
世界共生学部世界共生学科教授
国際法

真家 陽一
外国語学部中国語学科教授
中国経済

近藤 行人
世界教養学部国際日本学科准教授
日本語教育

福壽 佳音
名古屋外国語大学出版会

真崎 翔
外国語学部英米語学科講師
歴史学、日米関係論

吉見 かおる
現代国際学部現代英語学科准教授
多文化共生、移民・難民研究

まえがき

大岩 昌子
外国語学部フランス語学科教授
言語心理学、フランス文化

あとがき

亀山 郁夫
名古屋外国語大学長
ロシア文学・文化論

執筆者一覧

1部　名言、格言

甲斐 清高
　外国語学部英米語学科教授
　イギリス文学

根無 一信
　現代国際学部国際教養学科准教授
　哲学、宗教学

木内 尭
　外国語学部フランス語学科准教授
　フランス文学

石田 聖子
　世界教養学部世界教養学科准教授
　イタリア文学・映画

野谷 文昭
　東京大学・名古屋外国語大学・
　立教大学名誉教授
　スペイン語圏文学・文化

鈴木 茂
　名古屋外国語大学教授
　歴史学、ブラジル史

齋須 直人
　教養教育推進センター講師
　19世紀ロシア文学、ドストエフスキー

藤井 省三
　外国語学部中国語学科教授
　現代中国語圏の文学と映画

福島 みのり
　現代国際学部現代英語学科准教授
　韓国社会論、世代・ジェンダー論

ユリア・ウインダルティ（Yulia Windarti）
　名古屋外国大学非常勤講師
　インドネシア語、観光開発

寺田 ダラポン
　名古屋外国語大学非常勤講師
　タイ語、数学教育

八木 久美子
　世界教養学部世界教養学科教授
　宗教学、イスラム研究

児玉 茂昭
　外国語学部英米語学科准教授
　インド・ヨーロッパ語比較言語学

グェン・タン・タム
（NGUYỄN THANH TÂM）
　愛知県立大学・愛知淑徳大学非常勤講師
　翻訳理論、外国語教育

マルシャレンコ・ヤコブエリック
（Jakub E. Marszalenko）
　世界教養学部国際日本学科准教授
　通訳翻訳、法廷通訳

ダツェンコ・イーホル（Даценко Ігор）
　名古屋外国語大学非常勤講師
　東ヨーロッパの歴史、ウクライナ語の歴史

梅谷 綾
　名古屋外国語大学非常勤講師
　スウェーデン語教育、スウェーデン語学

髙村 美也子
　南山大学人類学研究所プロジェクト研究員
　文化人類学、スワヒリ地域研究

ケッレ ガムゼ（Gamze Kelle）
　言語教育開発センター外国語担当専任講師
　ヴィジュアル系・ファン研究

2部　複言語の世界

川原 功司
　外国語学部英米語学科教授
　理論言語学

白井 史人
　慶應義塾大学商学部准教授
　音楽学、表象文化論

武井 由紀
　外国語学部フランス語学科教授
　言語学、外国語教育学

複言語の世界 初出一覧 以下の書籍は名古屋外国語大学出版会からの刊行となります。

川原 功司 「英語は世界の共通語？」『世界言語12の燦めき』p.7–12, 2018
白井 史人 「私が見たドイツ―オペラ通いの日々から」『Piazza vol. 5』p.30–33, 2020
武井 由紀 「フランス次元が加わった座標軸」『世界言語12の燦めき』p.21–27, 2018
桑原 恒和 「視点を変えると見えてくるもの、イタリアへ留学する君達へ」『Piazza vol. 3』p.32–35, 2018
松本 純子 「世界が広がる言語として」『世界言語12の燦めき』p.29–33, 2018
重松 由美 「異文化を受け入れる言語」『Piazza vol. 4』p.28–30, 2019
船越 達志 「中国における『紅楼夢』の出現―中国と「小説」との出会い」『世界言語12の燦めき』p.47–52, 2017
地田 徹朗 「ロシア語でユーラシアをサバイバル」『Piazza vol. 2』p.44–47, 2017
齋藤 絢 「美しい言葉との出会い」『世界言語12の燦めき』p.53–59, 2018
中島 健太 「多様性を知る敷居の低い入口」『Piazza vol. 4』p.31–34, 2019
川口 洋史 「多文字、多言語の王国タイ」『世界言語12の燦めき』p.79–84, 2018
松山 洋平 「私とアラブ」『Piazza vol. 1』p.31–33, 2016

掲載時から一部変更または加筆した箇所があります。

ArtesMUNDI 叢書
ザ・ワールド・ウィズ・アス

2024年12月1日　初版第1刷発行

発行者　亀山郁夫

発行所　名古屋外国語大学出版会
420-0197　愛知県日進市岩崎町竹ノ山57番地
電話　0561-74-1111（代表）
https://nufs-up.jp

カバーデザイン　冨安由紀子
本文デザイン・組版・印刷・製本　株式会社荒川印刷

ISBN 978-4-908523-52-6